# 경영판단원칙과 형법

체계간 원칙(intersystemic principle)으로서
경영판단원칙의 기능과 형사법에서의 적용문제들

이상돈

박영사

# 머 리 말

경영판단원칙은 미국 판례법에서 발전된 법원칙이지만, 우리나라에서도 판례에 의해 승인되었고, 상법개정안까지 만들어지는 단계에 이른 법원칙이 되었다. 상법학계에서 이 원칙에 대한 논의는 1990년대 말부터 봇물을 이루었는데, 지금까지 약 100편이 넘는 전문학술논문이 발표되었을 정도이다. 형법학계의 논의는 내가 2003년에 쓴 "경영실패와 경영진의 형사책임"(법조, 2003, 5월호, 61~99쪽)에서 처음 시작되었는데, 대법원은 그 이듬해인 2004년에 경영판단원칙을 배임죄에 공식적으로 적용하는 판례를 내놓은 바 있다. 이후 형법학계에서도 경영판단원칙의 수용여부에 대해 찬성과 반대의 격론이 벌어졌고, 지금까지 약 30편이 넘는 전문학술논문이 발표되었다. 그런 논문 가운데에는 내가 제자 지유미 박사와 함께 쓴 "경영판단과 경영배임"(사법, 제24호, 2013, 44~79쪽)도 포함되어 있다. 이렇듯 경영판단원칙은 이미 우리나라 법체계 안으로 들어와 확고하게 터잡은 법원칙이다. 사정이 이러하다면 내가 경영판단원칙에 관해 또 다시 글을 쓰거나 이 책과 같이 더욱 심층적인 연구서를 펴낼 이유는 별로 없을 것이다.

그러나 이 책을 펴내는 데에는 새로운 이유가 있다. 이 책은 지금까지 논의되고 발전되어 온 경영판단원칙을 단순히 종합적으로 정리하는 것이 아니라 경영판단원칙의 새로운 지평을 여는 논의를 시작하려는 목적을 갖고 있다. 내가 말하는 새로운 지평이란 다음 네 가지 측면을 말한다.

첫째, 경영판단원칙은 법원칙, 즉 법체계 내부에서 일반적으로 승인된 원칙이 아니라 경영과 법이라는 두 사회체계 사이에 합리성의 괴리를 메우고 두 체계를 균형과 조화의 소통적 관계에 놓이게 하는 '체계간 원칙'(intersystemic principle)이라는 점이다. 이런 이해는 법체계를 다른 사회체계를 규율하는 매체이면서 그것들과 조화로운 통합을 이루어야 하는 사회체계의 '하나'로 바라보는 20년 넘게 지속되어 온 나의 연구관점들과 정합적인 연장선을 이루고 있다.

둘째, 경영판단원칙은 형법체계와 경영체계를 소통시키고, 통합시키는 원칙으로 기능한다고 하지만, 지금까지는 (업무상) 배임죄의 적용, 특히 배임고의의 귀속판단에서만 작동해왔다. 이 책은 이처럼 경영판단원칙의 협애한 적용영역을 횡령죄에까지 확장하는 시도를 한다. 물론 경영영역에서 (주로 경영진에 의해 일어나는) 횡령행위, 특히 부외자금의 횡령에 대한 경영판단원칙의 적용가능성을 집중적으로 논의할 것이다. 이 논의는 부외자금(일명 '비자금')의 조성이 끊어질 수 없는 경영현실에서 부외자금을 회사를 위한 목적으로 사용하도록 유도하는 정책적 기능에 대해서도 관심을 갖고 있다.

셋째, 지금까지 경영판단원칙은 개별기업을 단위로 하여 한 기업 내의 경영판단이 합리적인 것인지를 심사하고 배임죄의 적용에 고려하는 것이었다. 그러나 우리나라 경영현실에서는 개별기업에게 불이익을 가져다주지만, 그룹차원에서는 더 많은 계열사들에게 이익을 가져다주고, 불이익을 받은 계열사도 거시적으로는 더 큰 이익을 향유하게 만드는 경영행위가 매우 많이 일어난다. 대규모기업집단(소위 '재벌기업')을 중심으로 경제발전을 거듭해 온 우리나라의 경제현실에서 경영판단원칙은 이러한 현상을 포섭할 필요가 있다. 이런 필요성은 경영판단원칙이 생성된 미국에서보다 우리나라에서 훨씬 크다.

넷째, 경영판단원칙은 실체법을 넘어서 소송법상 배임고의나 횡령고의에 대한 입증에 무죄추정원칙을 활성화하는 방향으로 분배하는 기능을 수행한다.

바로 이런 점에서 이 책이 시도하는 경영판단원칙의 지평확대는 우리나라가 세계화 시대에 법의 발전을 주도해 나갈 수 있다는 하나의 가능성을 보여줄 것으로 나는 기대한다. 지난 1세기 동안 서구 선진국의 법제와 법학을 수입해 온 우리나라가 그 서구법을 우리나라의 현실에 적용하면서 우리의 고유한 현실에 맞게 변용하여 발전시킨 결과들은 서구 선진국에 역수출함은 물론이고 아시아의 개발도상국에도 계몽의 빛이 되어 줄 수 있을 것이라고 나는 믿는다. 그렇기에 한류는 이제 대중문화의 영역에서 뿐만 아니라 법학영역에서도 일어날 것이라고 나는 말하고 싶다.

이 책의 핵심이론은 내가 이미 발표한 논문, "형법상 경영판단원칙의 지평확대"(고려법학, 제74호, 2014, 1~35쪽)에서 선보인 바 있다. 이 논문의 논증을 질적으로 세밀화하고, 양적으로 새로운 문제들에 확장함으로써 그리고 다양한 사례들에 경영판단원칙을 세밀하게 적용하고, 중요 판례들을 비판적으로 분석함으로써, 이 책은 그 논문과는 완전히 독립된 새로운 연구서의 모습을 갖추게 된 것이라고 할 수 있다.

끝으로 이 책의 원고를 교정해 준 고려대학교 대학원 권지혜 양에게 고마움을 표현하고 싶다. 또한 이 책을 만든 도서출판 박영사 사람들, 안종만 회장님과 조성호 이사님, 편집을 해 준 배우리 님께도 깊은 감사의 마음을 전하고 싶다.

대모산(大母山) 기슭에서
2015년의 새해를 맞이하며…
이 상 돈

# 차 례

## CHAPTER 1 경영판단원칙의 현황과 과제

## CHAPTER 2 경영판단원칙의 기능

## CHAPTER 3 경영판단원칙의 적용요건 완화

## CHAPTER 4 경영판단원칙의 적용영역 확장

## CHAPTER 5 경영판단원칙과 입증책임의 분배

CHAPTER

# 1

# 경영판단원칙의 현황과 과제

# 경영판단원칙의 현황과 과제

## Ⅰ. 경영판단원칙의 승인

미국법에서 이사의 손해배상책임을 제한하는 법리인 경영판단원칙이 우리나라에 처음 소개된 것은 1980년대 중반이다.[1] 그러나 이 원칙이 우리나라에 본격적으로 수용되기 시작한 것은 2000년대 넘어 오면서부터다. 상법학계에서는 경영판단원칙에 관해 매우 많은 논문들[2]이 발표되었고, 풍성한 학문적 논쟁이 펼쳐졌다. 우리나라에

1 경영판단원칙을 처음으로 논의한 우리나라 문헌으로는 1985년에 발표된 노일석, "미국회사법상 대표소송의 종결과 경영판단의 법칙: 이사에 대한 대표소송을 중심으로", *사회과학* (경남대학교출판부) (제12집, 1985.12), 313~351쪽을 들 수 있다.

2 **[경영판단원칙의 도입을 직접 주제로 다룬 상법학 분야의 주요논문]** ① 이원석, "경영판단의 원칙에 대한 이해, 그리고 우리법에의 수용가능성" *재판실무연구* (제5권, 2013), 121~150쪽. ② 문화경, "우리나라 판례에 나타난 경영판단 원칙과 상법상 경영판단 원칙 도입의 필요성", *동아법학* (제61호, 2013.11), 279~312쪽. ③ 권상로, "미국·독일법상의 경영판단의 원칙 도입여부에 관한 연구", *한국법학회 법학연구* (제33집, 2009.2), 241~266쪽. ④ 김수헌, *상법상 경영판단의 원칙의 도입에 관한 연구* (성균관대학교 대학원 석사학위논문, 2009). ⑤ 강병열, "이사의 주의의무위반 책임과 경영판단의 원칙: 우리 법원의 수용태도를 중심으로", *대청법학* (제2호, 2009.1), 249~270쪽. ⑥ 최완진, "경영판단의 원칙의 새로운 동향과 한국상법수용논의", *안암법학* (제26호, 2008.4), 249~278쪽. ⑦ 고재종, "경영판단의 원칙의 도입 여부에 관한 비교법적 고찰", *비교법학연구* (제2집, 2003.9), 37~58쪽. ⑧ 송인방, "경영판단원칙의 도입가능성에 관한 검토", *충남대 법학연구* (제14권 제1호, 2003.12), 315~338쪽. ⑨ 최병규, "미국법상 경영판단의 원칙과 우리나라에의 도입가능성", *안암법학* (제12호, 2001.2), 279~302쪽. ⑩ 양동석, "경영판단원칙의 수용가능성", *기업법연구* (제7집, 2001.4), 83~118쪽. ⑪ 이영봉, "경영판단의 법칙의 수용에 관한 검토", *상사법연구* (제19권 제1호, 2000.6), 41~68쪽. ⑫ 송인방, "경영판단원칙의 상법에의 도입가부에 관한 검토", *기업법연구* (제5집, 2000.4), 367~394쪽. ⑬ 손영화, "미국법상의 경영판단원칙과 그 도입 여부에 관한 일고찰", *상사법연구* (제18권 제2호, 1999.10), 299~324쪽. ⑭ 권재열, "경영판단의 원칙의 도입에 관련된 문제점", *연세법학연구* (제3집, 1995.11), 213~259쪽.

서 경영판단원칙은 대체로 주주대표소송의 남용을 견제[3]하거나 이사의 권한과 책임 사이에 균형을 잡게 하는 법리로 발전되어왔다고 볼 수 있다.[4]

## 1. 배임죄 귀속의 판단원칙

상법학계의 논의가 활성화되던 2003년 나는 "경영실패와 경영진의 형사책임"[5]이라는 논문을 통해 경영판단원칙을 형법분야에 도입하고, 배임죄의 성립 판단에 고려할 것을 처음 주장하였다.

### (1) 판례의 경영판단원칙 수용

2004년에는 대법원도 경영판단원칙을 다음과 같이 명시적으로 수용한 바 있다. 물론 판례가 말하는 경영상 판단이 미국법상의 경영판단원칙과 같은 것인지에 관해서는 논란이 있을 수 있다.

**【 사례 ⓐ 】**

K 보증보험의 대표 甲은 D 개발의 대표 乙이 연대보증한 H 산업 등의 기술개발융자금에 대한 지급보증을 하였다. 그러나 이 회사들이 부도처리됨으로써 K 보증보험은 지급보증액 상당의 손해를 입었다. 이 과정에서 甲은 D 개발의 지급보

---

3 이런 관점으로 김대연, "주주대표소송과 경영판단의 원칙", *상사법연구* (제17권 제3호, 1999), 111~145쪽 참조.

4 최근에는 형법학계에서도 이 점에 대한 인식은 점차 높아져가고 있다. 예컨대 "대표소송에 관한 요건완화와 주주들의 권리의식의 변화로 인해 이사들의 경영판단 실책에 대한 책임이 더욱 문제될 소지가 커졌다. 그렇다고 하여 이사의 책임요건을 강화할 경우에는 기업활동을 위축시키고 창의적이고도 적극적인 경영을 저해할 수도 있다"고 보는 박미숙, "독일에서의 경영판단 논의와 시사점", *형사정책연구소식* (제128호, 2013), 42쪽 참조.

5 이상돈, "경영실패와 경영진의 형사책임", *법조* (통권 제560호, 2003, 5월호), 61~99쪽.

증에 관한 영업지침을 위배하였지만, D 개발이 중국 흑룡강성의 삼강평원에 한국 최초의 대규모 해외농업개발을 추진하고 있었고, 乙이 정재계에 영향력 있는 인물이었으며, 중국과의 수교를 계기로 위 개발계획이 언론에 유명세를 타는 등 사업전망이 있다고 판단하였다. 또한 D 개발의 연대보증하에 지급보증하는 것에 대하여 실무자들도 반대하지 않았고, 甲은 개인적 이익을 얻으려 하지도 않았다.

대법원은 "경영상의 판단과 관련하여 기업의 경영자에게 배임의 고의가 있었는지 여부를 판단함에 있어서도 일반적인 업무상배임죄에 있어서 고의의 입증 방법과 마찬가지의 법리가 적용되어야 함은 물론이지만, 기업의 경영에는 원천적으로 위험이 내재하여 있어서 ② 경영자가 아무런 개인적인 이익을 취할 의도 없이 ③ 선의에 기하여 ① 가능한 범위 내에서 수집된 정보를 바탕으로 기업의 이익에 합치된다는 믿음을 가지고 신중하게 결정을 내렸다 하더라도 그 예측이 빗나가 기업에 손해가 발생하는 경우가 있을 수 있는바, 이러한 경우에까지 고의에 관한 해석기준을 완화하여 업무상배임죄의 형사책임을 묻고자 한다면 이는 죄형법정주의의 원칙에 위배되는 것임은 물론이고 정책적인 차원에서 볼 때에도 영업이익의 원천인 기업가 정신을 위축시키는 결과를 낳게 되어 당해 기업뿐만 아니라 사회적으로도 큰 손실이 될 것이므로, 현행 형법상의 배임죄가 위태범이라는 법리를 부인할 수 없다 할지라도, 문제된 경영상의 판단에 이르게 된 경위와 동기, 판단대상인 사업의 내용, 기업이 처한 경제적 상황, 손실발생의 개연성과 이익획득의 개연성 등 제반 사정에 비추어 자기 또는 제3자가 재산상 이익을 취득한다는 인식과 본인에게 손해를 가한다는 인식(미필적 인식을 포함)하의 의도적 행위임이 인정되는 경우에 한하여 배임죄의 고의를 인정하는 엄격한 해석기준은 유지되어야 할 것이고, 그러한 인식이 없는데 단순히 본인에게 손해가 발생하였다는 결과만으로 책임을 묻거나 주의의무를 소홀히 한 과실이 있다는 이유로 책임을 물을 수는 없다"(대판 2002도4229)[6]고 판시하였다.

형법학계에서는 이 판례가 나온 다음 해인 2005년도부터 약 30편의 논문[7]이 발표되었다.[8] 이 숫자는 상법학계에서 발표된 논문이 약

6 대법원 2004.7.22. 선고 2002도4229 판결.

7 논문이 아닌 신문평석으로는 최승재, "경영판단의 항변과 기업 경영진의 배임죄의

성부", *법률신문* (제3308호, 2004.10), 15쪽. 나승철, "경영판단의 원칙상 배임죄의 고의와 그 제한", *법률신문* (제3467호, 2006.6), 14쪽 참조.

8 **[경영판단과 형사책임에 관한 주요논문]** ☆ **2003년도** ① 이상돈, "경영실패와 경영진의 형사책임", *법조* (통권 제560호, 2003), 61~99쪽. ☆ **2005년도** ② 이규훈, "업무상 배임죄와 경영판단", *형사판례연구* (제13호, 2005.9), 304~353쪽. ③ 구회근, "업무상 배임죄와 경영판단원칙: 대법원판례를 중심으로", *법조* (제54권 제11호, 2005.11), 55~105쪽. ☆ **2006년도** ④ 채동헌, "이사에 의한 뇌물의 제공과 경영판단의 원칙", *상장* (2월호, 2007), 24~136쪽. ⑤ 이경렬, "경영판단의 과오와 업무상 배임죄의 성부", *법조* (제55권 제12호, 2006.12), 122~159쪽. ⑥ 안경옥, "경영판단 행위에 대한 배임죄처벌의 가능성/한국형법학의 새로운 지평" *심온 김일수교수화갑기념논문집* (박영사, 2006), 415~433쪽. ☆ **2007년도** ⑦ 박미숙, "경영판단과 배임죄의 성부", *형사판례연구* (제15호, 2007.9), 197~229쪽. ⑧ 조기영, "배임죄의 제한해석과 경영판단의 원칙: 경영판단 원칙 도입론 비판", *형사법연구* (제19권 제1호, 2007), 87~108쪽. ⑨ 이정민, "경영판단원칙과 업무상 배임죄", *형사정책연구* (제18권 제4호, 2007.12), 159~188쪽. ⑩ 박상희, *배임죄에서 경영판단원칙에 관한 연구* (연세대학교 대학원 석사학위논문, 2007). ☆ **2009년도** ⑪ 정운용, "업무상배임죄에 있어서 경영판단의 원칙", *경영법률* (제20집 제1호, 2009), 311~344쪽. ⑫ 김준호, "형법상 경영판단의 원칙 도입론에 관한 비판적 검토", *법조* (제636호, 2009.9), 123~155쪽. ⑬ 임재훈, *배임죄의 제한사유로서 경영판단의 원칙에 관한 연구: 형법상 경영판단의 원칙 도입론에 대한 비판적 검토* (국민대학교 대학원 석사학위논문, 2009). ☆ **2010년도** ⑭ 한석훈, "형사책임에 대한 경영판단원칙의 적용", *성균관법학* (제22권 제2호, 2010.8), 347~376쪽. ⑮ 채동헌, "경영판단에 의한 계열회사에 대한 금융지원과 이사들의 배임죄의 성부", *상장* (11월호, 2009), 110~124쪽. ⑯ 최정학, "업무상 배임죄와 경영판단의 원칙/한국 형사법학의 이론과 실천", *정암 정성진박사 고희기념논문집* (한국사법행정학회, 2010), 505~521쪽. ⑰ 강동욱, "이사의 경영판단행위와 배임죄의 성부", *한양법학* (제32집, 2010.11), 105~127쪽. ☆ **2011년도** ⑱ 채동헌, "사업의 편법 위법적 진행과 배임죄 성립여부에 있어 경영판단", *상장* (12월호, 2011), 106~114쪽. ⑲ 안지훈, *배임죄와 경영판단의 원칙* (서울대학교 대학원 석사학위논문, 2011). ☆ **2013년도** ⑳ 이지수, "경영판단과 배임죄: 최근의 배임죄 면책논의를 중심으로", *기업지배구조연구* (제46권, 2013), 102~109쪽. ㉑ 최준선, "배임죄의 성립 여부와 경영판단의 원칙", *상장* (2월호, 2013), 24~30쪽. ㉒ 강동욱, "경영판단원칙과 배임죄", *선진상사법률연구* (제62호, 2013.4), 57~79쪽. ㉓ 이상돈·지유미, "경영판단과 경영배임", *사법* (제24호, 2013.6), 43~80쪽. ㉔ 오경식, "경영판단의 원칙과 배임죄 성립여부에 관한 연구", *비교형사법연구* (제15권 제2호, 2013), 261~282쪽, ㉕ 장성원, "경영판단행위에 대한 배임죄의 적용: 중소기업사례를 중심으로", *법과 정책연구* (제13집 제3호, 2013), 871~906쪽. ㉖ 박미숙, "독일에서의 경영판단 논의와 시사점", *형사정책연구소식* (제128호, 2013), 39~42쪽. ㉗ 임정호, "형법상 배임죄에 있어서 경영판단원칙에 대한 재검토－형법 규정과 신인의무의 간극－", *연세대학교 법학연구* (제23권 제2호, 2013), 65~91쪽. ㉘ 최성진, "경영판단원칙과 경영책임자에 대한 업무상 배임죄의 성부", *동아법학* (제60호, 2013),

100편 정도라고 볼 때 상당히 많은 수라고 볼 수 있다. 또한 상법학계와 형법학계의 학제간 논의도 얼마간 펼쳐졌다.

### (2) 경영판단의 원칙과 항변

물론 우리나라 판례는 경영판단원칙을 수용한 것이 아니라 경영상 판단을 단지 항변(defence)으로 인정한 것이라고 보기도 한다.[9] 경영판단은 배임고의의 귀속에서 피고인에게 유리한 간접사실에 대한 주장이라고 보는 것이다.

#### 1) 추정과 안전항으로서 경영판단원칙

여기서 미국의 경영판단원칙은 추정과 안전항의 두 유형이 있음에 주목할 필요가 있다. 첫째, 추정(presumption)으로서 경영판단원칙이란 경영결정이 사기(fraud), 악의(bad faith), 또는 자기거래(self-dealing)가 존재하지 않는 한 이사들이 신인의무를 위반하지 않았다고 추정하고,[10] 원고는 이런 추정을 깨고 신인의무 위반을 입증할 책임을 부담한다는 것이다.[11] 물론 원고가 입증을 한다면, 이사는 다시 반증을 할 수 있다.[12] 이에 비해 안전항(safe harbor)으로서 경영판단원칙[13]은 이사가 신인의무의 요건을 충족하는 경영결정을 한 경우에는

---

277~305쪽. ☆ **2014년도** ㉙ 정영태, "업무상 배임죄와 경영판단의 원칙", *판례연구*(제25집, 2014.2), 297~346쪽.

9 대표적으로 김준호, "형법상 경영판단의 원칙 도입론에 관한 비판적 검토", *법조*(제636호, 2009.9), 133, 137쪽 아래 참조.

10 *Smith v. Van Gorkom*, 488 A.2d 858, 873 (Del. 1985).

11 *In re the Walt Disney Co. Derivative Litigation*, 906 A.2d 27, 52 (Del. 2006).

12 이 점에 대해 자세히는 Fred W. Triem, "Judicial Schizophrenia in Corporate Law: Confusing the Standard of Care with Business Judgment Rule", *Alaska L. Rev.* (Vol. 24, No. 23, 2007), 31~32쪽.

13 이는 주로 미국법률협회(American Law Institute, ALI)의 회사지배원칙: 분석과 권고(Principles of Corporate Governance: Analysis and Recommendations)의 §4.01에 정립된 경영판단원칙을 말한다.

회사에 손해가 발생하더라도 책임을 지지 않는다는 것을 말한다.[14] 우리나라의 판례가 언급하는 경영상 판단을 경영판단의 항변으로 보는 견해는 대법원이 추정으로서 경영판단원칙을 수용한 것으로 보는 견해[15]의 한 유형이라고 볼 수 있다. 그러나 대법원 판례가 아직까지는 추정여부에 관해서 명확한 언급을 하고 있지 않다고 본다.[16]

### 2) 항변과 원칙의 이중적 지위

경영판단원칙이 단지 배임고의의 귀속을 배제시키는 간접사실의 주장을 인정하는 데에 그치는 것이라면 경영판단원칙이 아니라 경영판단의 항변이라고 말하는 것이 정확한 용어사용이다. 이런 항변은 곧 이사의 신인의무준수에 대한 추정기능을 수행한다고 볼 수 있다. 그런 점에서 항변도 결국에 입증책임분배에 관한 원칙의 기능을 수행할 수 있다. 이렇게 보면 경영판단원칙은 항변으로서 뿐만 아니라 실체법과 절차법에 걸쳐 이중적 의미를 갖는 원칙이 될 수 있다.

- **실체법상의 해석원칙** 첫째, 경영판단원칙은 (마치 안전항으로서 경영판단원칙의 기능과 유사하게) 경영영역에서 배임죄를 의도적 불법이득의사(불법이득목적)가 있는 경우에만 인정하는 해석원칙으로 기능할 수 있다.[17]
- **소송법상의 입증책임분배원칙** 둘째, 경영판단원칙은 (추정으로서의 경영판단원칙의 기능과 유사하게) 소송상 입증책임분배의 원칙으로도 기능할 수 있다.[18]

---

14 이처럼 안전항(safe harbor)으로서 경영판단원칙의 의미에 관해서는 R. Franklin Balotti & James J. Hanks, Jr., "Rejudging the Business Judgment Rule", *Bus. Law* (Vol. 48, 1993), 1337, 1353쪽 참조.

15 대표적으로 이규훈, "업무상 배임죄와 경영판단", *형사판례연구* (제13호, 2005.9), 330쪽; 이경렬, "경영판단의 과오와 업무상배임죄의 성부", *법조* (제55권 제12호, 2006.12), 146~147쪽 참조.

16 같은 견해로 구회근, "업무상 배임죄와 경영판단원칙: 대법원판례를 중심으로", *법조* (제54권 제11호, 2005.11), 103쪽.

17 이와 비슷하게 배임죄에서 임무위배는 의도적 고의로 이루어진 것이어야 한다는 이규훈, "업무상 배임죄와 경영판단", *형사판례연구* (제13권, 2005.9), 339, 344쪽.

판례가 이 점을 분명하게 경영판단원칙의 내용으로 선언하고 있지 않으며, 경영상 판단을 고려한 판례들이 일관되지는 않지만 이와 같은 이중적 지위를 인정하고 있다고 볼 수 있다. 판례의 취지에 잠재되어 있는 그런 입장을 명확하게 한다면, 판례는 이미 경영판단의 항변뿐만 아니라 경영판단원칙을 수용한 것이며, 단지 그 일관성과 명확성을 유지하지 못하고 있을 뿐이다. 이처럼 경영판단원칙이 배임죄의 요건해석이나 입증책임의 분배에서 법원칙의 지위를 가진다고 해서 경영판단원칙이 법원칙(rule of law)이 아니라 단지 사법정책(judicial policy)이라는 관점[19]을 배척하는 것은 아니다. 경영판단원칙은 연혁적으로는 사법정책으로 실행된 것일 수 있다. 법이론적으로 보면, 어떤 법원칙도 나름의 정책을 수행하는 기능을 가지며, 거꾸로 정책이 계속적으로 실행되면, 법원칙이 되는 것이기 때문에 경영판단원칙을 법원칙이라고 본다고 해서 그것이 갖는 사법정책적 성격을 부인하는 것은 아니다.

## 2. 법제화에 다가선 공론

### (1) 상법 개정안

오늘날 경영판단원칙의 승인과 적용은 법제화에 다가갈 정도로 커다란 공론경쟁력을 갖게 되었다. 비록 실패로 끝났지만 2013년에 발의된 상법 개정안[20] 제382조 제2항 단서는 경영판단원칙이 법제화

18 이 한에서는 내가 제자 지유미와 함께 발표한 논문인 이상돈·지유미, "경영판단과 경영배임", *사법* (제24호, 2013.6), 54~55쪽의 내용을 다소 수정한다.

19 이런 관점으로 손창일, "미국법상 경영판단의 원칙에 관한 비판적 소고: 주주와 회사 이익 보호의 관점에서", *상사판례연구* (제22집 제4권, 2009.12), 33쪽.

20 2013.3.25. 이명수 의원 등 10인이 발의한 상법 일부개정법률안: 이하 상법 개정안으로 약칭함.

의 단계에 거의 다가섰음을 말해준다.

> 상법 일부법률개정안(2013.3.25) 제382조 제2항 (본문 생략) "다만, 이사가 충분한 정보를 바탕으로 어떠한 이해관계를 갖지 않고, 상당한 주의를 다하여 회사에 최선의 이익이 된다고 선의로 믿고 경영상의 결정을 내렸을 경우에는 비록 회사에 손해를 끼쳤다고 하더라도 의무의 위반으로 보지 않는다."

이는 경영판단원칙이 실정법상의 원칙이 될 정도로 강한 공론경쟁력[21]을 갖게 되었음을 보여준다.

### (2) 독일 주식회사법

이와 같은 법제화의 노력은 같은 대륙법계인 독일에서도 확인된다. 1997년 독일연방법원은 ARAG 보험회사 사건의 판결에서[22] 회사의 업무를 수행하는 이사에게 넓은 (재량적인) 활동영역(weiter Handlungsspielraum)을 인정한 바 있는데, 이로써 경영판단원칙을 배임죄의 해석에서도 고려할 수 있게 되었다. 이후 경영판단원칙에 관한 논의는 더욱 성장하여 2005.11.1.에는 마침내 '기업의 완전성 및 취소권의 현대화에 관한 법률'(UMAG)[23]이 시행되게 되었다. 이 법률

---

21 다원주의 사회에서 어떤 현안에 대한 진정한 합의는 아무리 민주적 의견수렴의 과정을 거치더라도 쉽게 달성하기는 어렵다. 의회의 다수결원칙도 이런 현실을 고려한 민주주의원칙이다. 그러나 다수결원칙은 자칫 다수의 힘을 관철하는 제도가 될 위험이 있으며, 바로 그렇기 때문에 공론영역에서 더 많은 설득력을 얻음으로써 하버마스가 말하는 의사소통적 권력(kommunikative Macht)을 획득하는 견해이어야 한다. 이런 견해로서 다수결원칙에 의해 입법될 개연성이 발생한 경우를 나는 공론경쟁력이라고 부른바 있다. 이 개념을 사용하는 이상돈, *인권법* (법문사, 2005), 182쪽; *기초법학* (법문사, 2010), 27쪽.

22 BGH, Urteil vom 21. April 1997 – II ZR 175/95 = BGHZ 135, 244, 253 "ARAG"; Henze NJW 1998, 3309, 3310 참조.

23 Gesetz zur Unternehmensintegrität und Modernisierung des Anfechtungsrechts

에 의해 주식회사법(Aktiengesellschaftsrecht) 제93조(이사들의 주의의무와 책임) 제1항에는 다음과 같이 경영판단원칙을 명문화한 제2문이 추가되었다.[24]

AktG §93 (1) Satz 2. "이사가 기업가적 결정[25]을 함에 있어 적절한 정보에 기초하여 회사의 이익을 위해 행동한다고 합리적으로 믿은 경우에 의무 위반은 인정되지 않는다."(Eine Pflichtverletzung liegt nicht vor, wenn das Vorstandsmitglied bei einer unter－nehmerischen Entscheidung vernünftigerweise annehmen durfte, auf der Grundlage angemessener Information zum Wohle der Gesellschaft zu handeln)[26]

여기서 주목할 점은 독일 주식회사법상의 경영판단원칙은 주로 주의의무(Sorgfaltspflicht)의 판단에 관련한 원칙으로 입법되었다는 점이다. 그러나 독일의 법조항도 미국의 경영판단원칙에 영향을 받은 것은 분명하다. 또한 판례는 현재 주의의무뿐만 아니라 충실의무를

(전문은 Bundesgesetzblatt 2005 Teil I Nr. 60, 2802 ff.) 참조.

24 이는 1997.4.21. 연방최고법원(BGH)의 ARAG/Garmenbeck 판결 이래로 확립된 경영판단원칙을 소수주주의 이사에 대한 손해배상청구권 행사를 수월하게 하는 개정에 대한 보완책으로 명문화한 것으로 평가된다. 이에 관해 자세히는 조지헌, "경영판단원칙－독일 주식법 내용을 중심으로", *경영법률* (제21집 제1호, 2010), 159~185쪽; 그 밖에 최병규, "경영판단원칙과 그의 수용 방안: 최근 독일의 입법내용을 중심으로", *기업법연구* (제19권 제2호, 2005), 107~128쪽; 박미숙, "독일에서의 경영판단 논의와 시사점", *형사정책연구소식* (제128호, 2013), 39~42쪽 참조.

25 독일법상의 unternehmerischen Entscheidung를 흔히 경영판단 또는 경영결정이라고 번역하지만 좀더 법문에 충실하게 번역한다면 기업가적 결정이라고 봄이 타당하다. 기업가적 결정과 비슷하게 기업가적 판단이라는 용어를 사용하는 조지현, "경영판단원칙. 독일 주식법 내용을 중심으로", *경영법률* (2010), 169쪽.

26 AktG §93 (1) "Die Vorstandsmitglieder haben bei ihrer Geschäftsführung die Sorgfalt eines ordentlichen und gewissenhaften Geschäftsleiters anzuwenden. Eine Pflichtverletzung liegt nicht vor, wenn das Vorstandsmitglied bei einer unternehmerischen Entscheidung vernünftigerweise annehmen durfte, auf der Grundlage angemessener Information zum Wohle der Gesellschaft zu handeln."

위반한 경우에도 경영판단원칙을 적용하지 않는다고 봄으로써[27] 사실상 미국의 경영판단원칙을 수용한 것이라고 말할 수 있다.

### (3) 독일법과의 유사성

이에 비해 우리나라 상법 개정안은 주의의무뿐만 아니라 충실의무, 선의의무를 명문으로 포함하고 있다. 그런 점에서 우리나라 상법 개정안은 좀더 미국법상의 경영판단원칙을 충실하게 수용하고 있다고 볼 수 있다.

#### 1) 경영결정 개념의 유사성

하지만 법텍스트의 구성에서는 우리나라 상법 개정안은 —비록 독일법의 영향이라고까지 말할 수는 없겠지만— 독일법상의 경영판단원칙과 강한 유사성을 보여준다. 특히 "경영상의 결정"과 독일 상법상의 "기업가적 결정(unternehmerische Entscheidung)" (혹은 경영상 결정) 개념의 유사성이 그러하다. 이 법문언은 경영판단원칙의 적용여부가 문제되는 경영결정을 표현하는 개념이다. 그런데 우리나라 판례는 경영결정을 "경영상의 판단"이라는 개념으로 표현하고 있다. 그러나 경영판단원칙에서 말하는 경영판단의 개념과 그 원칙의 적용여부에 관한 심사의 대상이 되는 경영결정은 구별되어야 한다. 그런데도 우리나라 판례는 왜 경영결정을 왜 경영상 판단이라는 개념으로 표현하고 있는 것일까? 판례의 용어사용이 혼돈이 아니라 합리적인 것이라는 변호를 하려 한다면, 독일법상의 경영판단원칙을 원용할 필요가 있다. 독일법상의 경영판단원칙은 '장래에 대한 예측'의 성격을 띠는 경영결정에 국한된다고 해석된다.[28] 그러니까 판례가

27 Marcus Lutter, "Die Business Judgment Rule und ihre praktische Anwendung", *Zeitschrift für Wirtschaftsrecht(ZIP),* (2007), 843쪽.

말하는 "경영상의 판단"이란 경영결정 가운데 장래에 대한 예측이 포함된 것만을 가리키기 위한 용어사용이라고 볼 수 있다. 결론적으로 혼돈을 피하기 위해 '경영상 판단'이라는 개념 대신에 '경영결정'이라는 개념을 사용하고, 그 의미는 장래에 대한 예측이 포함된 '경영결정'으로 이해하는 것이 더 합리적이라고 본다.

2) 이사의 책임 배제가 아닌 주의의무 배제

상법 개정안은 경영판단원칙을 상법 제382조 제2항 단서에 규정한다. 만일 경영판단원칙을 미국에서처럼 이사의 책임을 배제시키는 제도로 바라본다면, 경영판단원칙은 상법 제399조(회사에 대한 책임) 제1항 제2문에 추가하는 것이 적절할 것이다.[29] 상법 제382조(이사의 선임, 회사와의 관계 및 사외이사) 제2항("「민법」의 위임에 관한 규정을 준용한다") 제2문으로 규정한 것은 민법상 선관주의의무 위반의 인정을 제한하는 제도로 바라보아야 함을 뜻한다. 물론 이 개정안이 입법된다고 하여도, 이 입법이 형법상 경영판단원칙이 반드시 배임죄의 객관적 구성요건인 임무위배여부를 판단할 때 적용되어야 한다는 결론을 낳는 것은 아니다. 선관주의의무 위반은 배임고의의 인식대상이 되므로 여전히 판례처럼 배임고의의 귀속에서 경영판단원칙을 고려할 수 있다. 또한 어떤 요건을 범죄체계론상 어떤 위치에 놓을 것인지는 (구성요건적 고의처럼) 사물논리적으로 필연적인 것도 있지만 학문정책적 사항에 불과할 수도 있다.

---

28 이러한 해석은 독일 상법 개정 이유서에 기초한 것이며, 자세히는 Christoph Hauschaka, Grundsätze pflichtgemäßer Unternehmensführung, *ZRP* (Heft 3, 2004), 66쪽.

29 이런 견해로 조지현, "경영판단원칙. 독일 주식법 내용을 중심으로", *경영법률* (2010), 180쪽.

## 3. 미국법의 영향

우리나라에서 논의되고 판례에 수용된 경영판단원칙은 대표적으로는 미국에서 델라웨어(Delaware) 주(州) 의회가 1986년 제정한 Delaware General Corporations Law, Section 102(b)(7)[30]과 델라웨어 주 대법원의 판례[31]로 확립된 것에서 비롯된다.[32] 이러한 미국 판례법의 영향은 상법학계의 많은 연구[33]를 통해 이루어졌다.

---

30 자세히는 David Rosenberg, "Supplying the Adverb: The Future of Corporate Risk－Taking and the Business Judgment Rule", 6 Berkeley Bus. L. J. 216, 229 (2009) 참조.

31 대표적으로 *Cede & Co. v. Technicolor, Inc.*, 634 A.2d 345 (Del. 1993) 판결.

32 미국의 경영판단원칙의 변화과정을 면밀하게 분석한 글로 손창일, "영미법상의 사법정책적 관점에서 본 경영판단 원칙의 변화단계 연구: 미국 델라웨어 주 판결의 역사를 중심으로", *경영법률* (제20집 제3호, 2010), 27~65쪽 참조.

33 **[미국법상 경영판단원칙을 연구한 주요논문]** ① 문정해, "집행임원에 대한 경영판단원칙의 적용 가능성: 미국의 이론 및 사례 연구", *원광법학* (제29권 제2호, 2013.6), 93~118쪽. ② 손창일, "미국 회사법상 적대적 M&A 상황에서의 강화된 경영판단의 원칙", *상사판례연구* (제25집 제3권, 2012), 381~420쪽. ③ 정봉진, "미국법상 Poison Pill에 의한 경영권 방어의 적법성 판단 기준으로서의 강화된 경영판단의 법칙", *경상대 법학연구* (제19집 제1호, 2011.4), 135~172쪽. ④ 원동욱, "경영판단원칙의 최근 동향과 향후 전망: 미국의 사례를 중심으로", *상사법연구* (제29권 제3호, 2010), 85~128쪽. ⑤ 손창일, "영미법상의 사법정책적 관점에서 본 경영판단 원칙의 변화단계 연구: 미국 델라웨어 주 판결의 역사를 중심으로", *경영법률* (제20집 제3호, 2010), 27~65쪽. ⑥ 김은정, *이사의 신인의무와 경영판단의 원칙에 관한 연구: 미국 판례와 법제를 중심으로* (성균관대학교 대학원 박사학위논문, 2010). ⑦ 문정해, "미국의 최근 판결동향에 따른 경영판단원칙의 수용가능성 검토: 경영판단원칙의 개념에 관한 사법심사의 접근방식을 중심으로", *상사법연구* (제27권 제4호, 2009), 161~200쪽. ⑧ 손창일, "미국법상 경영판단의 원칙에 관한 비판적 소고: 주주와 회사이익 보호의 관점에서", *상사판례연구* (제22집 제4권, 2009.12), 3~40쪽. ⑨ 김광록, "미국의 최근 판례를 통해 본 경영판단의 원칙", *한국법학회 법학연구* (제32집, 2008.11), 243~268쪽. ⑩ 원동욱, "경영판단의 원칙의 적용범위: 미국의 사례를 중심으로", *상사판례연구* (제20집 제1권, 2007.3), 59~94쪽. ⑪ 이지수, "주주대표소송에서의 경영판단보호의 원칙: 미국과 일본의 사례를 중심으로", *기업지배구조연구* (제23호, 2007), 26~133쪽. ⑫ 윤성승, "미국 판례상 임원에 대한 경영판단의 원칙 적용여부", *상사판례연구* (제19집 제4권, 2006.12), 289~314쪽. ⑬ 권재열, "미국법상 경영판단의 원칙의 동향에 관한 소고", *한국법학회 법학연구* (제15집, 2004.6),

### (1) 미국법상 세 가지 신인의무(신임의무)

미국법상 경영판단원칙은 단순히 주의의무만이 아니라 더 폭넓은 의무, 즉 이사가 회사와 주주에게 부담하는 신인의무(fiduciary duty: 신임의무)[34]의 준수를 전제[35]로 적용된다. 이사의 신인의무는 ① 선관주의의무(duty of due care), ② 충실의무(duty of loyalty), ③ 선의의무(duty of good faith)로 구성된다. 이러한 세 가지 의무는 특히 1999년의 MBCA(Model Business Corporation Act)에 다음과 같이 매우 명확하게 정형화되고 있다.

> MBCA 8.30(General Standards for Directors) (a) "이사는 (1) 선의로 (2) 그와 같은 지위에 있는 통상의 신중한 사람이 그와 유사한 상황 속에서 기울였을 주의를 다하고, (3) 회사에 최선의 이익이 된다고 합리적으로 믿은

---

393~414쪽. ⑭ 양동석, "미국법상 이사의 주의의무와 경영판단의 원칙", *고시계* (제48권 제7호, 2003.7), 51~61쪽. ⑮ 곽병훈, "미국 회사법의 경영판단원칙", *재판자료* (제98집, 2002.12), 119~158쪽. ⑯ 정봉진, "미국 회사법상의 경영판단의 법칙", *경영법률* (제13집 제1호, 2002.9), 99~138쪽. ⑰ 윤보옥, "미국회사법에서의 이사의 의무와 경영판단의 법칙", *비교사법* (제7권 제2호, 2000.12), 335~376쪽. ⑱ 권재열, "경영판단의 원칙에 관한 미국법의 동향", *판례월보* (제350호, 99.11), 44~56쪽. ⑲ 김택주, "경영판단의 법칙: 미국 판례를 중심으로", *상사판례연구* (제7집, 1996.4), 87~128쪽. ⑳ 강희갑, "경영판단의 원칙에 관한 미국법의 최근동향", *상사법연구* (제15권 제2호, 1996.12), 111~134쪽. ㉑ 이권철, *미국회사법상 경영판단의 원칙* (중앙대학교 대학원 석사학위논문, 1989). ㉒ 노일석, "미국회사법상 대표소송의 종결과 경영판단의 법칙: 이사에 대한 대표소송을 중심으로", *경남대 사회과학* (제12집, 1985).

34 신인의무는 상법학계에서 즐겨 사용하는 번역이지만, 형법학의 용어로 바꾼다면 '신임의무'가 된다. 상법학자 가운데에도 fiduciary duty를 신임의무로 번역하기도 한다. 예컨대 권재열, "경영판단원칙의 도입여부를 다시 논함", *상사법연구* (제19권 제2호, 2000), 504쪽 등 참조.

35 주의할 점은 경영판단원칙은 이사의 주의의무를 완화시키는 것이 아니라 그 의무를 준수했을 것을 전제로 적용되는 원칙이다. 이 점을 분명히 하고 있는 박명서, "경영판단의 원칙", *기업법연구* (제17집, 2004), 52쪽.

경우에는, 이사회의 구성원으로서 갖는 의무를 포함하여 이사로서의 의무를 다한 것이 된다."(A director shall discharge his duties as a director, including his duties as a member of a committee: (1) in good faith; (2) with the care an ordinarily prudent person in a like position would exercise under similar circumstances; and (3) in a manner he reasonably believes to be in the best interests of the corporation).

### (2) 선관주의의무와 충실의무의 수용

우리나라의 판례와 상법 개정안이 수용한 경영판단원칙도 표현의 차이만 있을 뿐 그 내용은 미국법의 경영판단원칙에 상응한다.[36] 첫째, 판례의 "가능한 범위 내에서 수집된 정보를 바탕으로 기업의 이익에 합치된다는 믿음을 가지고 신중하게 결정"(사례 ⓐ의 판례 ① 부분)해야 한다는 부분이나 상법 개정안의 "충분한 정보를 바탕으로… 상당한 주의를 다하여…경영상의 결정을 내렸을 경우"라는 부분은 선관주의의무의 이행을 표현한 것이다. 다만 경영판단원칙의 요건으로서 선관주의의무의 위반은 단순한 과실에는 인정되지 않고, 중과실(gross negligence)에만 인정된다는 점에서, 상법상 이사의 배상책임의 요건이 되는 과실보다는 좀더 인정되기 어렵다는 차이가 있다.[37]

둘째, 판례의 "경영자가 아무런 개인적인 이익을 취할 의도 없이"(사례 ⓐ의 판례 ② 부분)나 상법 개정안의 "어떠한 이해관계를 갖지 않고"와 같은 표현들은 충실의무를 표현한다. 다만 이 표현들은 이사가 경영결정을 통해 사소한 이해관계를 추구하는 것도 배제하고, 차

---

36 이에 관해 자세히는 이상돈·지유미, "경영판단과 경영배임", *사법* (제24호, 2013.6), 49~55쪽 참조.

37 이 점을 상법상 이사의 배상책임과 경영판단원칙의 차이로 설명하는 김재범, "대출결정시 금융기관 이사의 주의의무와 경영판단의 원칙", *상사판례연구* (제21집 제1권, 2008.3), 13~16쪽.

선의 이익이 되는 경우마저도 배제하는 식의 심정윤리적인 극단을 보여주는 것인지 의문이 있다.[38] 만일 이 표현들이 심정윤리적인 극단을 표현하는 것이라면, 그것은 경영판단원칙을 자칫 윤리강령처럼 변질시킬 수 있다.

### (3) 한국 형법에서 선의의무의 체계적 독자성

셋째, 판례의 "선의에 기하여"(사례 ⓐ의 판례 ③ 부분)나 상법 개정안의 "회사에 최선의 이익이 된다고 선의로 믿고"라는 부분은 미국법상 선의의무를 표현한다고 볼 수 있다. 왜냐하면 "선의에 기하여"라는 것은 '선의의무를 이행한 가운데'로 읽을 수 있기 때문이다. 다만 미국에서 선의의무는 충실의무의 보조적 요건(subsidiary requirement)으로 확립되어 있다.[39] "선의에 기하여"라는 표현은 위법성조각사유에서 말하는 '주관적 정당화의사'와 같은, 그러나 위법성을 조각시키는 것이 아니라 구성요건을 탈락시키는 주관적 정당화의사가 된다. 미국법이나 우리나라 상법학에서는 그렇지 않을 수 있지만, 범죄체계론이 발달해 있는 우리나라의 형사사법에서 선의는 배임고의(확장하면 횡령고의)를 탈락시키는 '주관적' 정당화의사라고 볼 수 있다. 이

---

38 경영판단원칙을 사실상 윤리강령으로 변질시키는 또 다른 견해로서 경영판단원칙을 도입하되, 이사의 선관주의의무나 충실의무주의의 위반을 판단할 때 고려하며, 이때 상당한 주의의 내용으로 이사가 주주나 회사만이 아니라 고객, 근로자, 납품업체, 경쟁업체 등과의 관계에서 사회적 책임을 다하는 것까지 포함시키자는 견해를 들 수 있다. 대표적으로 정운용, "업무상배임죄에 있어서 경영판단의 원칙", *경영법률* (제20집 제1호, 2009), 325~327쪽 참조. 그러나 기업의 사회적 책임은 경영결정의 합리성에 관련된 요소가 아니라 배분적 정의, 사회적 약자의 배려와 같은 기업의 목적가치에 관련되는 요소일 뿐이다. 이러한 주장은 설령 받아들여진다고 하더라도 경영판단원칙의 적용요건을 매우 불명확하게 만들며, 경영판단원칙의 기능을 사실상 폐기시키게 된다.

39 이 점을 확립한 델라웨어 주 대법원의 판결로 *Stone v. Ritter*, 911 A.2d 362, 370~371 (2006) 참조.

에 비하여 선의의무나 충실의무는 경영판단원칙의 '객관적 요건'이다. 객관적 요건과 주관적 요건은 형법체계에서는 하나로 혼합되지 않는다. 그 불충족의 법적 효과도 사법상의 효과와는 다르다. 바로 이런 '체계적인 이유'에서 선의의무는 적어도 우리나라의 형사사법과 형법학에서는 선관주의의무와 충실의무는 독립된 요건이라고 보아야 한다.

### (4) 경영판단원칙의 비교법적 차이와 형법상 경영판단원칙의 도입반대론

그런데 미국의 경영판단원칙과 우리나라 판례가 보여주는 경영판단원칙 간에는 이 밖에도 여러 가지 세부적인 차이가 있을 수 있고, 그 차이를 이유로 경영판단원칙이 우리나라 법에 수용될 수 없음이 주장되기도 한다.

#### 1) 사법자제원칙과 경영판단원칙

예컨대 미국처럼 경영판단원칙의 강한 추정력이 인정되지 않는 우리나라에서는 원고의 입증책임이 상당히 완화되어 있다는 점,[40] 그리고 미국처럼 사법자제원칙이 지배하지 않으므로 경영결정의 절차나 그 실질적 내용도 법원이 심사한다는 점이 지적되기도 한다.[41] 그러나 입증책임은 판례법에 의해서도 재분배가 가능하고, 형사소송에서 입증책임의 분배 문제는 경영판단원칙을 수용한 이후에서 경

---

40 비슷한 견해로 미국 판례법상 경영판단원칙은 탄력적인 입증책임의 분배를 전제로 구성된 것이고, 이 점은 우리나라의 법체계와 다른 것이므로 미국법상 경영판단원칙은 공정성 기준(entire fairness standard)의 법리만 수용할 필요가 있다고 보는 한석훈, "경영진의 손해배상책임과 경영판단 원칙", *상사법연구* (제27권 제4호, 2009), 155쪽 참조.

41 원동욱, "경영판단 원칙의 최근 동향과 향후 전망: 미국의 사례를 중심으로", *상사법연구* (제29권 제3호, 2010), 117쪽 참조.

영판단원칙이 갖는 법적 효과의 하나로서 독자적인 주제가 된다. 또한 법원이 경영결정의 내용을 심사한다[42]고 하여도 사법자제원칙의 기능과 비슷하게 이사의 재량권 남용에 대해서 심사할 수 있고, 그 한에서는 경영결정의 내용이 심사될 수 있는 것이다. 따라서 사법자제원칙이 우리나라 사법을 지배하지 않는다고 하여도 경영판단원칙의 수용은 가능한 것이 된다.

2) 신인의무의 확장성과 배임죄의 사문화가능성

경영판단원칙을 수용하면 이사 등 경영자가 일종의 신분이 되는 것이 되며, 그 결과 업무상 배임죄는 3중(타인사무처리자, 업무자, 경영자)의 신분범이 된다고 보기도 한다. 또한 미국법상 신인의무를 갖는 자의 범위가 매우 넓고, 불명확하여, 경영판단원칙을 "긍정한다면 경영판단원칙에 따른 혜택을 입을 경영자 신분이 지나치게 확장되어 배임죄가 사문화될 가능성을 열게 된다"[43]는 점에서 그 원칙의 도입을 반대하기도 한다. 그러나 경영판단원칙의 수용은 이사 등의 경영자 개념을 소극적 신분으로 삼자는 것이 아니며, 미국법상 신인의무는 비교법적 검토를 통하여 가령 배임죄의 주관적 귀책사유(배임고의, 불법이득의사)의 존부를 판단하는 간접사실을 발굴하는 요소로 고려될 수도 있는 것이다. 그리고 경영판단원칙을 수용한다는 것은 그 원칙이 곧바로 배임죄 해석규칙이 된다는 것을 뜻하는 것이 아니라 사회체계들 사이의 충돌을 해소하고 갈등을 조정하는 체계간 원칙(intersystemic principle)으로 승인하는 것임에 주의할 필요가 있다.

---

42 우리나라 대법원은 경영판단의 실질적 내용까지 심사하고 있다는 분석으로 구회근, "업무상 배임죄와 경영판단원칙: 대법원판례를 중심으로", *법조* (제54권 제11호, 2005.11), 104쪽.

43 임정호, "형법상 배임죄에 있어서 경영판단원칙에 대한 재검토－형법 규정과 신인의무의 간극－", *연세대학교 법학연구* (제23권 제2호, 2013), 80쪽.

즉 경영판단원칙은 배임죄를 사문화하거나 무력화하는 것이 아니라 경영에 대한 법의 우월적 지배가 갖는 불합리성을 반성하고, 경영결정의 올바른 법치국가적 한계를 설정하는데 기여할 뿐이다.

## Ⅱ. 성찰의 과제

지금까지 우리나라에서 확립된 형법상 경영판단원칙은 아직 성찰하지 못한 몇 가지 문제들을 남겨 두고 있다. 그 문제점들은 미국이나 독일에서도 아직 해결되지 못한 것들이다.

> 물론 재벌이나 대기업 대주주에 대한 규제정책적 차원에서 또는 배임죄가 독일과 달리 침해범이고 미수범처벌규정이 있다는 이유로[44] 경영판단원칙의 형법상 적용 자체에 대해서도 다시 성찰해볼 수도 있을 것이다. 그러나 아래에서는 경영판단원칙의 도입 자체를 반대하는 견해들의 성찰을 다루지 않을 것이다. 왜냐하면 나는 경영판단원칙을 어떤 특정법분과나 특정범죄의 문제가 아니라 현대사회에서 분화된 사회체계들 사이의 원칙, 즉 '체계간 원칙'(intersystemic principle)으로 바라보기[45] 때문이다. 현대사회에서는 법이 체계간 원칙을 존중하지 않으면 그 정의실현기능은 매우 취약해질 수 있다.

---

44 이런 견해로 "침해범으로 업무상 배임죄의 성격을 규정하게 되면 경영위축가능성 등을 이유로 경영판단원칙을 도입하고자 하는 측의 우려도 상당부분 해소될 것이라고" 보는 최성진, "경영판단원칙과 경영책임자에 대한 업무상 배임죄의 성부", *동아법학* (제60호, 2013), 298쪽.

45 이 점에 관해서 자세히는 아래 [2]장.Ⅱ.1.(3) 체계간 원칙 참조.

## 1. 경영판단원칙의 기능에 대한 성찰

형법체계내에서 경영판단원칙의 기능은 주로 고의귀속의 배제이다. 이 점은 판례에서도 거듭 확인되고 있다.

### (1) 범죄성립조각의 기능

하지만 첫째, 경영판단원칙이 미필적 불법이득의사만으로 배임죄의 성립을 배제시키는 법해석의 원리인지, 불법이득의사의 유무에 대한 판단에 관한 소송법상 원리인지와 같은 이론적, 체계적 문제들은 아직까지도 세밀하게 분석되지 않고 있다. 또한 경영판단원칙을 고의귀속에 적용하지 않고 임무위배여부의 판단에 적용하는 경우에는 배임미수범의 성립이 논리적으로 뿐만 아니라 실제적으로도 가능한 것인지도 논의가 아직까지 이루어지지 않고 있다.

[경영자의 신분성과 그 불명확성의 문제] 그 외에 경영판단의 주체가 되는 경영자나 이사의 개념이 신분범의 신분 개념에 해당하는지,[46] 그 범위가 등기이사에 국한되는지 여부 등과 같은 범죄론적 문제가 지적되기도 한다.[47] 그러나 이는 중요한 문제가 아니다. 경영자나 이사는 업무상 배임죄의 타인사무처리자라는 신분과 별도의 신분이 아니며, 경영판단원칙의 적용을 받는 경영자의 범위는 판례법으로 충분히 형성할 수 있기 때문에 명확성원칙을 훼손하지도 않는다. 예컨대 경영판단원칙의 적용을 등기이사뿐만 아니라 집행임원, 그리고 판례가 인정하는 사실상 경영자(예: 등기이사가 아닌 그룹회장)를 포함한다는 해석이 합리적일 수 있다고 본다.

---

46 경영자를 신분개념으로 바라보는 임정호, "형법상 배임죄에 있어서 경영판단원칙에 대한 재검토－형법 규정과 신인의무의 간극－", *연세대학교 법학연구* (제23권 제2호, 2013), 65~91쪽.

47 이런 지적과 함께 경영판단원칙의 도입을 반대하는 오경식, "경영판단의 원칙과 배임죄 성립여부에 관한 연구", *비교형사법연구* (제15권 제2호, 2013), 275쪽 아래 참조.

### (2) 형법과 사법의 차별화

둘째, 형법에서 경영판단원칙의 의미와 폭은 상법상의 경영판단원칙과 완전히 같은 것일 수는 없다. 형법상의 불법은 사법상의 불법보다 사법상의 제재만으로 해결되지 않는 '중대한' 불법에 국한되어야 하기 때문이다. 여기서 형법상 경영판단원칙은 사법상 경영판단원칙보다 그 적용요건에서 어느 정도 완화되어야 하는 것인지가 검토될 필요가 있다. 이는 형법과 사법의 '체계비교'(Systemvergleich)를 수행하는 이론적 작업이면서, 형법의 보충성을 실현하는 실천적 작업이 되기도 한다.

> 독일연방법원도 이와 비슷하게 이사가 회사법상 의무를 위반하였다고 하여 그 의무 위반이 곧바로 배임죄(StGB §266)에 해당하는 임무위배가 되는 것은 아니라고 본다. 배임이 인정되려면 회사법상 의무 위반이 중대해야(gravierend) 하고, 이 중대성에 대한 판단은 경영결정이 예컨대 사리에 맞지 않는 동기(sachwidrige Motive), 순수하게 개인적인 선호에 따름, 회사의 수익과 재정상태에 비추어 부적절한 것인지 등을 고려하여 이루어져야 한다고 본다.[48] 우리나라 대법원도 경영상 판단의 경우 배임고의를 귀속시키지 않는데, 이때 대법원이 경영상 판단인지 여부를 정함에 있어 가장 중요한 요소로 바라보는 것은 어떤 경영결정에 이사의 "개인적인 의도가 개입되었는지 여부, 당해 정책을 결정하고 집행하게 된 진정한 의도가 무엇이었는가 하는"[49] 점이라고 분석되기도 한다.

---

48 BGH, Urteil vom 6. 12. 2001－1 StR 215/01; LG Offenburg(lexetius.com/2001, 2995) 참조.

49 구회근, "업무상 배임죄와 경영판단원칙: 대법원판례를 중심으로", *법조* (제54권 제11호, 2005.11), 104쪽.

### (3) 체계통합의 기능

셋째, 더 나아가 경영판단원칙의 운영이 형법체계를 넘어서 경영영역에 어떤 영향을 주는지에 대한 검토도 거의 이루어지지 않고 있다. 경영판단원칙은 단순히 (형)법체계를 구성하는 법원칙이 아니라 법과 다른 사회체계간의 소통을 도모하는 '체계간 원칙'(intersystemic principle)이라는 점에 대한 이해도 아직까지는 전무하다. 그런 이해는 준법경영시대에 경영판단원칙이 어떻게 운영되어야 하는지에 관한 길잡이를 마련해줄 수 있을 것이다.

## 2. 경영판단원칙의 새로운 지평에 대한 성찰

### (1) 횡령죄에 대한 적용확장

경영판단원칙은 지금까지는 배임죄의 적용에서만 수용되어 왔다. 배임죄는 매우 불명확한 구성요건으로서 경영판단원칙은 그러한 불명확성에 터잡아 배임죄가 단순한 경영상 모럴헤저드(moral hazard 도덕적 해이)를 처벌하는 조항으로 남용되는 것[50]을 견제한다. 이에 비해 횡령죄는 비교적 명확한 구성요건이면서, 소유권을 침해하는 범죄로서 경영상 모럴헤저드를 처벌하는 조항으로 활용되는 경우가 훨씬 더 드물다. 하지만 대법원이 비자금의 조성만으로는 횡령죄를 인정하지 않고, 회사를 위한 비자금 사용에 대해서도 횡령죄를 인정하지 않는 판례를 확립함으로써, 경영판단이 작동할 수 있는 새로운 영역이 하나 더 만들어졌다. 비자금의 조성과 사용에 대한 경영판단원칙의 적용은 기업경영의 숨겨진 현실로서 비자금의 운영을 확대

---

50 이 점에 대한 비판으로 이상돈, *경영과 형법* (법문사, 2011), 9쪽 아래 참조.

시키는 것이 아니라 다양한 이유로 조성된 비자금의 횡령을 예방하고, 가급적 회사를 위해 사용되도록 유도하며, 아울러 비자금의 사적 사용에 대한 강한 처벌과 짝을 이루어 비자금의 운영을 점진적으로 청산하는 데 기여할 수 있다고 본다.

### (2) 그룹차원의 경영판단

현재 형사실무는 경영판단원칙을 적용함에 있어 중소기업과 대기업 사이에 요건이나 효과의 측면에서 어떤 차이를 두지 않는다. 또한 단일한 기업과 대규모기업집단(재벌그룹) 사이에도 어떤 차이를 두지 않는다. 그러나 중소기업과 대기업간,[51] 단일기업과 대규모기업집단 사이의 고유한 차이가 존재한다면, 경영판단원칙의 적용에서 그 차이를 고려할 필요가 있을 것이다.

이 글은 주로 합리적 경영결정이 그룹차원에서 이루어지는 경우에 경영판단원칙의 적용의 특별한 차원에 주목하려고 한다. 우리나라 경제체계를 특징짓는 현상 가운데 하나는 바로 S 그룹, H 그룹, L 그룹과 같은 대규모기업집단(재벌그룹) 중심의 경제체제이다. 특히 공정거래법상 더 강화된 규제를 받는 대규모기업집단은 경제적으로는 사실상 하나의 기업처럼 활동하기도 한다. 그러나 법적으로는 별도의 법인격을 갖고 있고, 종업원이나 주주와 채권자 등 이해관계자들도 각기 다르다는 점에서 어떤 경영결정이 개별기업에게 손해를 끼치는 한 경영판단원칙은 원칙적으로 적용될 수 없다. 그러나 대규모기업집단 내의 기업들은 서로 경제적 이해관계가 긴밀하게 연결

---

51 이런 차이에 관심을 갖는 문헌으로 장성원, "경영판단행위에 대한 배임죄의 적용. 중소기업사례를 중심으로", *법과 정책연구* (제13집 제3호, 2013), 871~905쪽. 이 글에 의하면 우리나라 판례는 경영판단원칙의 적용에서 중소기업과 대기업 사이의 차별점을 보여주지 않는다고 한다.

되어 있어서 모기업(지주회사)에게 손해를 끼쳐도 다른 계열회사에 이익을 주고, 그 이익이 장기적으로는 다시 모기업(지주회사)에게도 이익으로 돌아오는 경우가 있다. 여기서 경영판단원칙은 개별기업을 단위에서 뿐만 아니라 그룹차원에서도 그 적용여부가 검토될 필요성을 인정하게 된다. 나의 생각으로는 재벌중심의 경제성장과 기업문화가 뿌리내린 우리나라에서 경영판단원칙은 그룹차원의 경영판단을 포함해야 한다고 본다. 이는 재벌의 경제력집중과 시장지배력 남용에 대한 공정거래법적 규제의 필요성 문제와는 전혀 별개의 것이다. 재벌개혁은 그룹차원의 경영결정에 대한 경영판단원칙의 적용배제를 통해서가 아니라 합리적인 공정거래법적 규제와 그것을 위한 법개혁을 통해 이루어져야 하는 것이다.

### (3) 입증책임의 분배원리로서 경영판단원칙

경영판단원칙은 이제까지 배임죄라는 실체형법의 적용에 관한 원리로만 이해되어 왔지만, 앞으로는 배임고의나 횡령고의에 관한 증거법상의 원리로 기능할 필요도 인정할 수 있다. 경영판단원칙을 배임죄나 횡령죄에 적용하는 경영판단원칙의 승인은 합리적 경영자상에 대한 인정을 전제한다. 이러한 전제는 어떠한 경영자도 원칙적으로는 합리적 경영자로 추정(presumption)해야 한다는 요청으로 이어진다. 그런 추정은 곧 배임고의나 횡령고의를 입증하는 부담과 책임의 분배에 영향을 미친다. 따라서 경영상 배임이나 횡령에서 불법이득의사나 불법영득의사의 입증을 누가(어떤 소송당사자가) 어느 정도 부담하고(입증부담), 또한 증명불능의 상태는 최종적으로 누구의 불이익으로 귀속시킬 것인지(입증책임)의 문제영역은 경영판단원칙이 기능하는 새로운 지평의 하나가 된다.

CHAPTER

# 2

# 경영판단원칙의 기능

# 경영판단원칙의 기능

경영판단원칙의 기능은 형법체계내에서 범죄의 성립에 미치는 영향과 형법체계가 사회영역, 즉 경영에 대해 미치는 영향으로 나누어 볼 수 있다. 앞의 영향을 경영판단원칙의 '내부적 기능' 또는 형법체계내재적 기능(systemimmanente Funktion)이라고 부르고, 뒤의 영향을 '외부적 기능' 또는 형법체계초월적 기능(systemtranszendentale Funktion)이라고 부르기로 한다. 형법학자나 형사법률가의 인식관심이 주로 내부적 기능에 모여 있다면, 법이론가나 (법)사회학자 그리고 경영인의 인식관심은 주로 외부적 기능에 모여 있기 쉽다.

이러한 기능은 경영판단원칙의 형법상 도입을 반대하더라도 배임죄의 해석론에 그 원칙의 취지를 수용하는 경우에는 마찬가지로 수행될 수 있다. 가령 "경영판단원칙의 요건을 충족한 행위는 업무상배임죄의 객관적 구성요건인 임무위배행위나 이익의 취득에 해당하지 않을 것(이해관계가 없고 독립성, 재량권의 남용이 없을 것의 요건)이고, 주관적 구성요건인 임무위배행위에 대한 인식도 없을 것(성실성 요건)이기 때문이다"[1]라고 보거나, "배임죄의 구성요건의 해석을 통해 경영판단원칙의 취지와 내용을 수용할 수 있기 때문에 이 개념을 차용 않더라도 경영판단행위에 대한 적절한 판단을 내릴 수 있다"[2]라는 해석론이 그 예이다. 이처럼 경영판단원칙의 적용요건을 배임죄해석에서 완전하게 고려하는 것은 바로 경영판단원칙을 실질적으로 수용한 것이 된다. 여기서 경영판단원칙의 수용이라고 할 때

---

1 강동범, "이사의 경영판단과 업무상 배임", *이화여자대학교 법학논집* (제14권 제3호, 2010), 50쪽.

2 장성원, "경영판단행위에 대한 배임죄의 적용: 중소기업사례를 중심으로", *법과 정책연구* (제13집 제3호, 2013), 899쪽.

그것은 배임죄해석론을 넘어서는 법이론적, 법사회학적 차원에서의 수용을 말한다. 이러한 차원은 당연히 형법해석론에 용해되어 들어가는 것이며, 그 작업은 형법학자들에 의해 이루어진다.

# Ⅰ. 경영판단원칙의 내부적 기능

## 1. 경영판단원칙의 배임고의 귀속 제한

경영판단원칙이 배임고의의 귀속을 제한하는 기능은 법리적 차원과 사실인정의 차원을 모두 갖고 있다.

- **법리적 측면** 경영판단원칙을 승인한다는 것은 곧 경영영역에서 배임죄가 성립하기 위해서는 '의도적' 불법이득의사(불법이득목적 Bereicherungsabsicht)가 필요하다는 점을 가리킨다(아래 (1) 참조).
- **사실인정의 측면** 이사가 합리적 경영판단행위를 하였다는 사실이 인정되면 그에게 불법이득목적이 없었다는 사실을 추정해야 한다는 점을 가리킨다(아래 (2) 참조).

### (1) 경영판단원칙의 승인과 배임고의의 강화된 귀속 요건

배임죄의 적용에서 경영판단원칙을 수용한다는 것은 '미필적' 배임고의(불법이득의사)만으로는 배임죄의 성립을 인정할 수 없게 함을 의미한다.

#### 1) 미필적 배임고의와 배임죄의 성립

이 점을 이해하기 위해서는 먼저 절도죄와 배임죄에서 독일 형법과 우리나라 형법의 법문언을 비교해볼 필요가 있다.

**(가) 절도죄 법문언의 비교법적 차이와 그 의미** 통설과 판례는 절도

죄에서 불법영득의사는 초과주관적 요소로서 미필적 불법영득의사로는 충분하지 않고 의도적인 불법영득의사, 즉 불법영득목적(Aneignungsabsicht)이 필요하다고 본다. 이러한 해석은 절도고의가 타인의 재물에 대한 '절취'(점유의 배제와 취득: 독일 형법상 취거 Wegnahme)에 대한 인식과 의욕으로서 불법영득의사를 포함하지 않으며, 따라서 불법영득의사는 절도고의와는 별개의 주관적 요소, 즉 초과주관적 요소이면서 구성요건에 기술되지 아니한 요소라고 보면서, 동시에 초과주관적 요소로서 불법영득의사는 절도죄에서는 의도적 불법영득의사(불법영득목적)이어야 하고 미필적 불법영득의사는 충분하지 않다고 보는 것이다. 하지만 이런 해석은 절도죄의 법리로서 필연적인 것은 아니다.

이에 비해 독일에서 절도죄의 성립에 필요한 불법영득의사가 불법영득목적(의도적 불법영득의사)이어야 한다고 보는 판례들은 법률해석의 결과가 아니라 형법전에 구속된 결과이다. 즉, 독일 형법 제242조 제1항의 절도죄는 "자기가 재물을 영득하거나 제3자로 하여금 영득하게 할 의도로 절취"(in der Absicht wegnimmt, die Sache sich oder einem Dritten rechtswidrig zuzueignen)라는 명시적인 문언을 갖고 있다. 우리나라 형법상 절도죄는 그러한 문언이 없다.

**(나) 배임죄 법문언의 비교법적 차이와 그 의미** 이에 비해 우리나라 배임죄규정(제355조 제2항)은 독일 형법 제266조 제1항의 배임죄규정과 엇갈린 문언을 보여준다. 즉, 우리나라 배임죄규정은 손해를 가하는 것뿐만 아니라 이익을 취득하는 것도 객관적 구성요건으로 규정한다. 따라서 우리나라에서 배임고의는 곧 불법이득의사를 당연히 포함한다. 즉, 불법이득의사는 배임죄에서 초과주관적 요소가 아니라 일반적인 주관적 구성요건(고의)에 속하게 된다. 이에 비해 독일

형법 제266조 제1항의 배임죄규정에는 손해를 가한다는 문언은 있지만, 이익을 취득한다는 문언은 없다. 따라서 배임고의는 가해의사에 국한되고, 이득의사는 고의를 넘어서는 초과주관적 요소가 된다.

| 구성요건 \ 형법전 | 한국 형법전 | 독일 형법전 (StGB) |
|---|---|---|
| 절 도 죄 | "타인의 재물을 절취한 자"(제329조) | "자기가 재물을 영득하거나 제3자로 하여금 영득하게 할 의도로, 타인의 재물을 절취한 자"(§242)[3] |
| 배 임 죄 | "타인의 사무를 처리하는 자가 그 임무에 위배하는 행위로써 재산상의 이익을 취득하거나 제삼자로 하여금 이를 취득하게 하여 본인에게 손해를 가한 때"(제355조 제2항) | "법률, 관청의 위임 또는 법률행위에 의하여 타인의 재산을 처분하거나 제3자에게 의무를 부과할 권한을 남용하거나, 법률, 관청의 위임, 법률행위 또는 신임관계에 의해 타인의 재산상 이익을 보호하여야 할 의무를 위반하고, 이로 인하여 재산상 이익을 보호하여야 할 자에게 손해를 가한 자"(§266 (1))[4] |

이런 문언의 차이로부터 두 가지 결론이 나온다. 첫째, 우리나라에서 배임죄가 성립하기 위해서는 미필적 불법이득의사[5]로도 충분하다. 왜냐하면 불법이득의사는 배임고의의 한 내용이고, 고의는 일

3 StGB §242 "Wer eine fremde bewegliche Sache einem anderen in der Absicht wegnimmt, die Sache sich oder einem Dritten rechtswidrig zuzueignen."

4 StGB §266 (1) Wer die ihm durch Gesetz, behördlichen Auftrag oder Rechtsgeschäft eingeräumte Befugnis, über fremdes Vermögen zu verfügen oder einen anderen zu verpflichten, mißbraucht oder die ihm kraft Gesetzes, behördlichen Auftrags, Rechtsgeschäfts oder eines Treueverhältnisses obliegende Pflicht, fremde Vermögensinteressen wahrzunehmen, verletzt und dadurch dem, dessen Vermögensinteressen er zu betreuen hat, Nachteil zufügt, wird mit Freiheitsstrafe bis zu fünf Jahren oder mit Geldstrafe bestraft.

5 미필적 배임고의와 의도적 배임고의의 용어를 명확하게 구분하여 사용하는 국내문헌은 찾기 쉽지 않다. 대표적으로 이상돈·지유미, "경영판단과 경영배임", *사법* (제24호, 2013.6), 63~67쪽 참조.

반적으로 미필적 고의로도 충분하며, 따라서 미필적 불법이득의사로도 충분하게 되기 때문이다. 둘째, 이런 문언이 없는 독일에서는 배임죄의 주관적 요건으로 고의 이외에 '초과주관적' 요소로서 불법이득의사가 있어야 하고, 그 이득의사는 —독일 형법학이 우리나라 형법학에 영향을 받거나 우리나라 법문언을 참조한 것이 아님에도 불구하고, 마치 우리나라 법문언("이익을 취득")이 독일의 배임죄규정에 있는 것처럼— 미필적 불법이득의사로도 충분하다고 본다. 다시 말해 독일 판례와 통설[6]은 의도적 불법이득의사, 즉 이득목적(Bereicherungsabsicht)은 필요하지 않다고 본다.[7] 하지만 독일에서 이득의사가 초과주관적 요소라면 불명확한 구성요건인 배임죄에서 이득의사는 불법이득목적으로 해석됨으로써 배임죄의 적용을 축소시키는 해석이 더 타당할 것이다.

2) 경영배임죄의 요건으로서 의도적 배임고의

그런데 우리나라에서 이사 등의 경영진이 회사의 업무와 관련한 경영결정의 배임성 판단에서 미국 법원이 발전시킨 경영판단원칙을 수용한다는 것은, 배임고의는 미필적 불법이득의사로는 불충분하고, 의도적 불법이득의사, 즉 불법이득목적(Bereicherungsabsicht)이 있어야 한다는 것을 의미한다.

㈎ 경영의 위험감수와 미필적 불법이득의사 　　왜냐하면 가장 합리적

6 대표적인 독일연방법원 판례로 BGH wistra 94, 95; 이는 독일 학계의 지배적인 해석이기도 하다. Adolf Schönke · Horst Schröder, *Strafgesetzbuch - Kommentar, 26. Auflage* (C.H.Becj, 2001), 2193쪽 참조.

7 이로써 절도죄의 주관적 요건에 대한 해석에서는 독일 형법이 우리나라 형법에 (실제로) 영향을 미치고 있고, 배임죄의 주관적 요건 해석에서는 우리나라 형법이 독일 형법에 영향을 미치고 있다고 '가상적으로' 말할 수 있다. 이를 두고 상호영향이라고 볼 수는 없으나, 텍스트의 교차적인 구조적 차이와 실제적 동화라는 흥미있는 현상이 관찰된다는 점을 부인하기는 어렵다.

인 경영판단도 경영의 세계에서는 수많은 요인들의 복잡한 작용에 의해 회사에 손해를 끼치는 결과를 가져올 수 있다는 점에서, 경영결정은 손해가 발생할 가능성(위험)을 인식하면서도 더 큰 수익을 올리기 위해 그런 위험을 '감수'하는 의사를 전제로 하기 때문이다. 즉, 경영판단은 언제나 미필적 불법이득의사와 포개진다고 말할 수 있다.

물론 주의의무와 충실의무를 다하였다면 회사에 손해가 발생하였어도 배임죄의 미필적 고의마저 인정되지 않는 것으로 보는 견해[8]도 있다. 이 견해는 경영판단원칙의 수용을 반대하는 견해이다. 그러나 이 견해처럼 손해가 발생하였는데도 미필적 배임고의마저 인정하지 않게 되는 것은 바로 경영판단원칙의 작용이 있을 때 비로소 가능해진다. 왜냐하면 주의의무 위반에 대한 법원의 사후적 판단에서 회사에 대한 손해의 발생이라는 구성요건적 결과는 이사의 주의의무 위반에 대한 가장 강력한 간접사실로 작용하는 것이기 때문이다.

따라서 어떤 경영결정이든 회사에 손해를 끼칠 위험의 '감수'의사, 바꿔 말해 미필적 불법이득의사 없이는 경영 자체가 구조적으로 이루어질 수 없게 된다고 봄이 타당하다.

**(나) 미필적 불법이득의사 배제의 법리로서 경영판단원칙** 경영판단원칙이란 바로 회사에 손해를 끼칠 가능성이 언제나 있는 경영결정이 그 손해발생의 예측불가능성을 제외하고는 합리적인 것이었다면, 배임고의를 인정하지 않아야 한다는 규범적 요청이 된다. 다시 말해 경영판단원칙의 수용은 미필적 배임고의(미필적 불법이득의사)의 배제와 맞교환되는 것이다. 따라서 판례가 말하는 "경영상 판단"의 법리는 "미필적 불법이득의사 배제"의 법리라고 부를 수 있다.

---

8 강동욱, "이사의 경영판단행위와 배임죄의 성부", *한양법학* (제21권 제4집, 2010), 121쪽.

대법원이 "자기 또는 제3자가 재산상 이득을 취득한다는 인식과 본인에게 손해를 가한다는 인식하의 의도적 행위임이 인정되는 경우에 한하여 배임죄의 고의를 인정하는 엄격한 해석기준이 유지되어야 한다"[9]고 판시한 것(사례 ⓑ 참조)은 바로 이러한 법리를 선언한 것이라고 볼 수 있다.

**【 사례 ⓑ 】**

NH 중앙회 임원인 甲은 NH 중앙회가 다른 채권은행들과 함께 PT 계열사에 대한 워크아웃을 추진하는 과정에서 PT 계열사가 발행하는 신규 CP(단기 기업어음)를 매입하였다. 하지만 CP를 매입할 당시 NH 중앙회의 특정금전신탁계정을 통하여 PT 계열사의 기존 CP를 매입한 단위조합 등이 반발함에 따라 PT 계열사에 대한 워크아웃이 중단될 가능성이 있었고, 그렇게 될 경우에 NH 중앙회는 246억원 상당의 채권 손실을 입을 수도 있다고 예상되었다. 하지만 甲의 매입결정은 PT 계열사가 여러 리스크의 증가를 회피하고 워크아웃이 순조롭게 진행된다면 장차 NH 중앙회에 더 큰 수익을 돌아올 수 있다는 예측에 근거한 것이었다. ① 판례는 甲에게 배임고의를 인정하지 않았는데, 그 근거는 "자기 또는 제3자가 재산상 이득을 취득한다는 인식과 본인에게 손해를 가한다는 인식하의 의도적 행위임이 인정되는 경우에 한하여 배임죄의 고의를 인정하는 엄격한 해석기준이 유지되어야 한다"[10]는 점이었다. ② 이로써 판례는 배임고의 또는 불법이득의사가 의도적인 것이어야 함을 선언했다고 볼 수 있다.

---

9 대법원 2011.7.28. 선고 2010도7546 판결; 대법원 2007.1.26. 선고 2004도1632 판결 ("금융기관의 경영자가 금융거래와 관련한 경영상 판단을 함에 있어서 경영자에게 배임의 고의가 있었는지 여부를 판단함에 있어서는 문제된 경영상의 판단에 이르게 된 경위와 동기, 판단대상인 업무의 내용, 금융기관이 처한 경제적 상황, 손실발생의 개연성 등 여러 사정에 비추어 자기 또는 제3자가 재산상 이득을 취득한다는 인식과 본인에게 손해를 가한다는 인식하의 의도적 행위임이 인정되는 경우에 한하여 배임죄의 고의를 인정하는 엄격한 해석기준이 유지되어야 한다.")

10 대법원 2011.7.28. 선고 2010도7546 판결.

경영판단원칙의 수용에 의해 이처럼 미필적 불법이득의사만으로 배임죄가 성립할 수 없게 되는 것은 "고의론의 기본체계와 일치하지 않는다"[11]거나 "배임죄 전체의 체계성과 일관성이라는 점에서 보면 논리적 타당성을 결여한다"[12]는 비판을 받을 수 있다. 이때 고의론의 기본체계란 고의는 미필적 고의로도 범죄가 성립할 수 있다는 주관적인 귀책요건에 관한 일반원칙을 말한다. 그러나 사회체계가 생활세계로부터 분화된 현대사회에서 법은 각 사회체계의 자율성과 합리성을 훼손하지 않도록 각 사회체계와 소통할 때 비로소 정의로울 수 있다.[13] 경영판단의 영역에서 미필적 불법이득의사만으로 배임죄의 성립에 필요한 주관적 귀책사유를 인정하지 않는 것은 바로 그런 정의의 요청에서 비롯되는 것이다.

### (2) 경영판단과 배임고의의 사실인정 여부

이처럼 경영판단원칙의 수용이 배임죄의 (주관적 요건의) 해석에 가져오는 제한기능은 법리적 차원의 효과로서 아래에서 다루는 사실판단의 문제와 구분되어야 한다.

#### 1) 합리적 경영판단에 의한 의도적 불법이득의사의 불인정

경영판단원칙의 사실인정상의 효과란 이사가 경영판단원칙의 적용요건을 충족하는 합리적 경영판단을 내렸다는 사실이 소송에서 인정되면, 그 이사에게는 '의도적' 불법이득의사(불법이득'목적')가 없었다는 사실을 인정해야 한다는 것을 말한다. 바꿔 말해 이사가 합

---

11 오경식, "경영판단의 원칙과 배임죄 성립여부에 관한 연구", *비교형사법연구* (제15권 제2호, 2013), 276쪽.

12 강동욱, "이사의 경영판단행위와 배임죄의 성부", *한양법학* (제21권 제4집, 2010), 114쪽.

13 이러한 법의 이해로 이상돈, *기초법학* (법문사, 2010), 34~36쪽.

리적 경영판단을 내린 것과 그가 불법이득목적을 갖고 있었다는 것은 양립이 되지 않는 사실이라는 것이다. 왜냐하면 만일 이사가 자신의 이득을 위해 손해발생을 적극적으로 '의도'한 것이라면, 바꿔 말해 이사가 불법이득목적을 갖고 있었다면, 그 이사는 선의(good faith)로 경영판단을 한 것이 아니라는 점에서 —그리고 악의였다면 이사는 선량한 관리자의 주의(due care)도 다하지 않았을 개연성이 높다는 점에서 — 애당초 합리적 경영판단을 한 것이라고 말할 수 없기 때문이다. 따라서 합리적 경영판단을 인정하면서 배임고의를 인정하는 것은 불합리한 심증형성으로서 소송법적으로는 채증법칙의 위반에 해당한다.

2) 비합리적 경영판단과 불법이득목적의 인정가능성

이에 반해 이사가 내린 경영판단이 합리성이 없었다고 인정되는 경우, 즉 경영판단원칙의 적용요건이 충족되지 않는 경우에 이사는 배임고의(불법이득목적)를 갖고 있었다는 사실이 인정될 수 있다.

**【 사례 ⓒ 】**

S ㈜의 회장 甲은 H 그룹의 도산으로 해체 위기에 처한 H 프로야구단을 인수해달라는 부탁을 정치적 영향력이 큰 다수의 국회의원들로부터 받고 고민하던 중, 컨소시엄을 구성하여 H 구단을 인수하기로 한 K ㈜의 부족한 야구단 운영자금을 지원하고, 향후 K ㈜의 유상증자 및 해외자본 유치에 도움을 주기 위해 K ㈜의 주식을 매입하기로 결심하였다. 甲은 당시 K ㈜ 주식의 객관적 가치나 거래시세 등에 대하여 전혀 검토하지 않은 상태에서 '곧 주당 40,000원에 유상증자를 할 예정이며, S 회계법인의 기업가치평가에 따르면 장차 K ㈜의 주식가치가 주당 20만 원 이상 될 것이라고 한다'는 K ㈜의 대주주 乙의 말만 듣고 S ㈜의 계열사들로 하여금 비상장 기업인 K ㈜의 주식 20만 주를 당시의 적정가액이며 실제로 거래된 바 있는 가격인[14] 주당 20,000원보다 높은 주당 35,000원에 회사별로 나

14 판례는 "비상장주식의 경우에도 그에 관한 객관적 교환가치가 적정하게 반영된 정상

누어 대주주 乙에게서 매수하게 하였다. 이로써 乙은 전체 주식매매대금(70억 원)과 적정가액(40억 원)의 차액(30억 원)에 상당하는 재산상 이익을 취득하였다. ① 판례는 甲의 경영결정은 경영상 판단에 의한 것이 아니라 정치적 이유 등으로 곤란한 상황에서 벗어나기 위한 것이라고 보았다. 따라서 경영판단원칙은 적용되지 않는다. 또한 대법원은 甲에게 계열사들에 대하여 "재산상 손해를 가하는 결과가 초래되더라도 이를 용인할 수밖에 없다는 인식하에 의도적으로 그와 같은 행위를 하였다"[15]고 보아 업무상배임죄의 고의를 인정하였다.

이러한 사실인정은 예컨대 이사가 그가 배임고의를 부인하는 경우에는 판례에 의하면 다른 간접사실들에 의해 이사의 가해의사와 이득의사가 회사를 위한다는 의사(합리적 경영판단의 의사)보다 '주된' 것이었음이 증명되면 가능하다.

**【 판례: 배임고의에서 가해/이득의사와 회사를 위한 의사의 비교형량 】**

"업무상배임죄의 주관적 요소로 되는 사실(고의, 동기 등의 내심적 사실)은 피고인이 본인의 이익을 위하여 문제가 된 행위를 하였다고 주장하면서 범의를 부인하고 있는 경우에는 사물의 성질상 고의와 상당한 관련성이 있는 간접사실을 증명하는 방법에 의하여 입증할 수밖에 없고, 피고인이 본인의 이익을 위한다는 의사도 가지고 있었다 하더라도 위와 같은 간접사실에 의하여 본인의 이익을 위한다는 의

---

적인 거래의 실례가 있는 경우에는 그 거래가격을 시가로 보아 주식의 가액을 평가하여야 할 것"(대법원 2001.9.28. 선고 2001도3191 판결; 대법원 2005.4.29. 선고 2005도856 판결)이라고 본다.

15 대법원 2007.3.15. 선고 2004도5742 판결("기업의 경영자가 문제된 행위를 함에 있어 합리적으로 가능한 범위 내에서 수집한 정보를 근거로 하여 당해 기업이 처한 경제적 상황이나 그 행위로 인한 손실발생과 이익획득의 개연성 등의 제반 사정을 신중하게 검토하지 아니한 채, 당해 기업이나 경영자 개인이 정치적인 이유 등으로 곤란함을 겪고 있는 상황에서 벗어나기 위해서는 비록 경제적인 관점에서 기업에 재산상 손해를 가하는 결과가 초래되더라도 이를 용인할 수밖에 없다는 인식하에 의도적으로 그와 같은 행위를 하였다면 업무상배임죄의 고의는 있었다고 봄이 상당하다.")

사는 부수적일 뿐이고 이득 또는 가해의 의사가 주된 것임이 판명되면 업무상배임죄의 고의가 있었다고 할 것이다."[16](대판 2004도520)

이 판례에서 업무상 배임죄의 주관적 요소로 되는 사실로서 고의는 의도적 배임고의, 즉 불법이득목적을 가리킨다고 볼 수 있다.

3) 미필적 인식과 의도적 불법이득의사

그런데 사례 ⓒ에서 판례는 미필적 배임고의(미필적 불법이득의사)만으로 이사의 경영결정에 대해 배임죄의 성립을 인정하는 것이라는 해석도 가능하다. "용인할 수밖에 없다는 인식"이라는 표현 또는 "재산상 실해 발생의 위험을 초래한다는 점을 미필적으로나마 인식하고 있었다"는 등의 논증을 하고 있기 때문이다.

**㈎ 판례의 논증적 부정합성** 이런 논증은 경영판단원칙을 수용한 대표적인 판례로 즐겨 인용되는 다음과 같은 판례에서도 확인된다.

"제반 사정에 비추어 자기 또는 제3자가 재산상 이익을 취득한다는 인식과 본인에게 손해를 가한다는 인식(미필적 인식을 포함)하의 의도적 행위임이 인정되는 경우에 한하여 배임죄의 고의를 인정하는 엄격한 해석기준은 유지되어야 할 것"[17]

그러나 이렇게 이해하면 경영판단원칙을 수용함으로써 미필적 불법이득의사로는 배임죄가 성립할 수 없다는 점을 분명히 한 다음과 같은 판례와 부정합성(不整合性, incoherence, Kohärenz)이 발생한다.

16 대법원 2000.12.8. 선고 99도3338 판결; 대법원 2004.6.24. 선고 2004도520 판결.
17 대법원 2004.7.22. 선고 2002도4229 판결.

"여러 사정에 비추어 자기 또는 제3자가 재산상 이득을 취득한다는 인식과 본인에게 손해를 가한다는 인식하의 의도적 행위임이 인정되는 경우에 한하여 배임죄의 고의를 인정하는 엄격한 해석기준이 유지되어야 한다."[18]

물론 이런 부정합은 단지 논증의 차원에서만 발생한 것일 수 있다. 바로 위의 판결이유에서 "손해를 가한다는 인식" 뒤에 "(미필적 인식을 포함)"을 '부주의하게' 생략한 것이라고 볼 여지도 있기 때문이다.

**(나) 인식의 차원이 아닌 의지의 차원으로서 미필성** 그러나 판례가 부정합적이라고 보든 그렇게 보지 않든간에 중요한 점은 미필적 배임고의(불법이득의사)의 의미가 무엇인가 하는 점이다. 판례가 말하는 손해의 발생에 대한 '미필적 인식'이란 인식한 손해발생의 불확실성을 가리킬 뿐이고, 가해의사나 이득의사의 의지적 강도와는 무관한 것이다. 그런데 미필적 고의와 의도적 고의를 구분하는 기준은 '인식'의 측면이 아니라 '의지'(의욕)의 측면에 중점이 있는 것임에 주의해야 한다. 가령 손해발생은 단지 가능성의 수준일지라도 행위자는 그런 발생을 적극적으로 의욕할 수 있는 것이다. 이런 경우도 의도적인 배임고의(의도적 불법이득의사, 불법이득목적)에 해당한다. 이렇게 판례를 이해할 때 판례의 부정합성은 발생하지 않게 된다.

그러므로 사례 ⓒ의 판례에서 "용인할 수밖에 없다는 인식하에 의도적으로 그와 같은 행위를 하였다"는 표현은 행위자에게 의도적 배임고의(의도적 불법이득의사, 불법이득목적)를 인정한 것으로 보아야 한다. 정치적 이유에서 주식을 비싸게 매입하는 의사는 인식의 측면에서는 주가의 추이에 따라 손해발생의 가능성이 (50%에 못미칠 정도로) 낮을 수는 있는 것이지만, 그 손해발생가능성은 정치적 이유에

---

18 대법원 2007.1.26. 선고 2004도1632 판결; 대법원 2011.7.28. 선고 2010도7546 판결.

의해 (정치적으로 곤란한 상황을 벗어나기 위한 목적에서) '의도'된 것이다. 따라서 불법이득목적이 인정된다. 또한 정치적 어려움의 고려는 양형사유가 될 수 있을 뿐, 손해발생가능성에 대한 의도적 의사형성을 배제할 수는 없다.

## 2. 경영판단원칙에 의한 그 밖의 범죄성립조각

경영판단원칙은 배임고의의 귀속을 제한할 뿐만 아니라 그 밖의 범죄성립조각사유로도 이해되기도 한다.

### (1) 경영판단원칙의 임무위배 배제 기능

가장 중요한 해석은 합리적 경영판단이 배임고의가 아니라 임무위배성("그 임무에 위배하는 행위")을 배제시킨다고 보는 견해[19]이다.[20] 합리적 경영판단이 임무위배성을 배제시킨다고 보는 경우에도 그 합리적 경영판단의 내용은 고의를 배제시키는 합리적 경영판단과 원칙적으로 다르지 않다. 그렇기 때문에 경영판단원칙이 고의귀속을 배제시킨다고 보는 경우와 임무위배성을 배제시킨다고 보는 경우는 단지 합리적 경영판단이 범죄성립을 조각하는 기능을 수행하는 장소(논증장소 Argumentationstopos)만을 변화시킨다고 볼 수 있다. 이런 관점은 원칙적으로 맞다.

---

19 이정민, "경영판단원칙과 업무상 배임죄", *형사정책연구* (제18권 제4호, 2007.12), 172, 176쪽 아래 참조.

20 경영판단원칙의 도입을 반대하면서도 이사의 성실하고 공정한 판단은 배임죄의 해석상 임무위배행위에 해당하지 않는다고 보는 견해로는 강동범, "이사의 경영판단과 업무상 배임", *이화여자대학교 법학논집* (제14권 제3호, 2010), 33~35쪽.

### 1) 판단기준의 차이

그러나 신임의무의 위반이 고의귀속을 배제시키는 경우와 임무위배성을 배제시키는 경우에서 그 신임의무 위반에 대한 판단의 중점은 다를 수 있다.

(가) **사전적 판단과 사후적 판단** 이사가 신임의무(특히 선관주의의무)를 위반했는지를 판단하는 기준시점으로 고의귀속에서는 행위시점이 되고, 임무위배판단에서는 재판 시점이 될 수 있다. 첫째, 이사의 내면의식상태를 추론하는 간접사실로서 신임의무 위반은 그 행위시점에서 미래를 향해 바라볼 때 회사에 이익보다 손해를 끼칠 개연성이 높은지를 합리적으로 예측한 것이었는지 여부에 의해 결정되어야 한다. 이를 사전적(ex ante) 판단이라고 부를 수 있다. 둘째, 이에 비해 임무위배여부에 대한 판단에서는 행위 시점 이후에 등장한 사정들을 함께 고려하여 행위 당시의 예측과 판단이 합리적인 것이었는지를 판단하는 사후적(ex post) 판단이 된다. 하지만 이와 같은 법원의 사후적 판단이라는 특성으로 인해 법원이 이사에게 법적 책임(예: 손해배상책임, 형벌)을 귀속시킴으로써 행위 당시 이사들에게 더 강한 주의를 다하도록 유도하는 판결의 예방기능은 매우 제한적인 것이 된다.[21]

이런 차이는 임무위배여부는 고의와 달리 주관적 구성요건이 아니라 객관적 구성요건요소라는 점에서 비롯된다. 객관적 구성요건의 충족여부에 대한 판단에서는 행위의 내부적 사정보다는 외부적 사

---

21 비슷한 관점으로 "법원의 사후적인 판단에 의하여 이사의 손해배상액의 범위가 크게 변동된다면, 회사의 실손해액에 비례하여 더 높은 이사의 주의 정도를 유도하려는 효과를 기대할 수 없게 될 것이다"고 보는 전우정, "삼성전자 판례에 나타난 법원의 경영판단의 원칙에 대한 태도와 이사의 책임 제한－대법원 2005.10.28. 선고 2003다69638 판결 판례 평석", *고려법학* (제57호, 2010.6), 339쪽.

정에 좀더 중점을 두고 이루어진다. 그러나 행위시점에 존재하는 외부적 사정만으로는 임무위배여부를 판단하기에 충분하지 않을 수 있고, 그 경우에는 행위 후에 등장하는 데이터로서 행위 당시에 알 수 없었지만 이미 존재했거나 잠재적으로 존재한 사정을 함께 고려하는 것이 합리적일 수 있다. 물론 이러한 고려가 객관적 구성요건요소도 행위자의 범죄의사와 계획에 의해 기획되고 실현된다는 인적 불법론(personale Unrechtslehre)의 전제를 깨뜨리는 것은 아니다. 이에 반해 고의의 귀속판단에서는 행위자가 실제로 인지한 행위 당시의 사정만을 토대로 그의 예측이 합리적인 것이었는지 여부만이 중요하다고 볼 수 있다.

(나) **진정성과 전문성** 또 다른 차이로 임무위배성을 근거짓는 신임의무(특히 선관주의의무 위반)의 위반여부는 경영자의 전문적인 경험과 지식(전문성 expertness)을 기준으로 판단해야 하는 데에 비해, 배임고의의 귀속을 근거짓는 신임의무의 위반여부는 경영자의 진정성(truthfullness)을 기준으로 판단해야 한다는 점이 주장되기도 한다.[22] 이러한 구분은 상당히 의미가 있다. 하지만 두 가지 점에서 수정과 보완을 필요로 한다.

ㄱ) **선관주의의무의 위반과 선의의무의 위반** 첫째, 전문성과 진정성의 구분이 말하고자 하는 바는 임무위배성을 근거짓는 신임의무 위반의 중점은 '선관주의의무'의 위반에 있고, 고의를 근거짓는 신임의무 위반의 중점은 '선의의무'의 위반에 있다는 점이다. 임무위배여부의 판단에서는 객관적 구성요건요소로서 선관주의라는 객관적 기준의 의무를 위반하였는지가 중요하고, 배임고의의 판단에서는 주관적

22 이 점을 처음으로 주장한 홍가혜, *배임죄 해석에서 경영합리성의 고려* (고려대학교 대학원 박사학위논문, 2014), 72쪽.

구성요건요소로서 이사가 선의 또는 악의와 같은 주관적 기준이 중요하기 때문이다. 물론 이러한 구분은 상대적일 뿐이다. 선의를 판단함에도 선관주의의무 위반을 고려하여야 하고, 선관주의의무 위반을 판단함에도 선의나 악의 여부를 고려하여야 하기 때문이다.

ㄴ) 진정성의 행위반가치와 심정반가치 이처럼 전문적인 경험과 지식을 기준으로 한 신임의무의 위반여부가 배임고의를 추론하는 간접사실로 사용되어야 한다면, 전문성과 진정성은 구분되기가 어렵게 된다. 하지만 여전히 전문성과 구분되는 진정성의 영역이 남는다. 즉, 진정성은 구성요건적 고의로서만이 아니라 책임고의로 이해되어야 한다. 다시 말해 진정성은 행위반가치(Handlungsunwert)의 요소로서만이 아니라 심정반가치(Gesinnungsunwert)의 요소로도 이해되어야 한다. 구성요건적 고의의 귀속은 전문적인 경험과 지식으로 합리적인 경영판단을 했는지를 간접사실로 삼아 행하여야 한다. 이 한에서 경영배임죄는 '인수책임'(Übernahmeverschulden)의 성격을 일부 갖는다. 그러나 경영자가 전문적인 경험과 지식이 결핍하여 반가치적인 행동으로 나아가는 고의를 형성했다고 비난할 수 있는 경우에도 그런 경험과 지식의 결핍으로 인해 그로서는 진정성있게 경영판단을 했다고 볼 수 있는 경우가 있다. 바로 그런 경우에 그는 책임으로서 배임고의가 없었다고 볼 수도 있다.

2) 미수범의 성립

만일 경영판단원칙을 고의의 귀속에 적용하지 않고 임무위배여부의 판단에 적용한다면, 논리적으로는 배임미수범이 성립하는 영역이 발생하게 된다.

(가) 불능미수범 배임고의를 다른 간접사실로 인정하면서도, 임무위배는 합리적 경영판단임을 이유로 인정하지 않는 것이다. 이 경

우 배임고의가 인정되는 행위자 입장에서는 "그 임무에 위배하는"이라는 배임죄의 표지가 "실행의 수단으로 인하여 결과의 발생이 불가능"(제27조)한 경우에 해당한다. 따라서 배임고의가 인정되지만 경영상 판단으로 임무위배가 인정되지 않는 경우는 배임죄의 불능미수범이 된다.

(나) **위험성의 판단** 여기서 불능미수행위의 위험성 판단의 문제가 남는다.

ㄱ) **구체적 위험설과 불능미수범의 성립불가능성** 이 경우 행위자가 인식한 사정뿐만 아니라 일반인이 인식할 수 있었던 사정까지 포함하여 객관적·사후적으로 결과발생의 가능성을 예측하여 위험성을 판단하는 구체적 위험설(신객관설)에 의하면 위험성은 인정되기 매우 어렵다. 왜냐하면 배임고의는 인정하면서 임무위배가 합리적 경영판단을 이유로 인정되지 않는 경우는 대부분 행위 이후 등장한 사정들을 고려하여 신임의무 위반을 인정하지 않는 경우일 것이기 때문이다.

ㄴ) **추상적 위험설과 불능미수범의 성립가능성** 따라서 배임고의가 인정되는 이사에게 배임죄의 불능미수범이 성립할 가능성은 추상적 위험설[23](행위자 위험설)에 의거할 경우에 비로소 열리게 된다. 즉, 배임고의를 가졌던 이사가 경영결정을 할 당시에 인식한 사실만을 기초로 결과발생의 가능성을 예측할 수 있었다는 점에 의해 위험성을 인정하는 경우에만 사후에 사정변화로 임무위배에 해당하지 않는 결과가 발생하였어도 불능미수범이 되는 것이다.

ㄷ) **임무위배에 대한 경영판단원칙 적용의 부적절성** 여기서 경영판단원칙을 임무위배의 판단에 적용하는 것은 두 가지 법리상의 문제점

23 추상적 위험설과 구체적 위험설의 차이에 대한 상세한 설명은 이상돈, *형법강의* (법문사, 2010), 74쪽.

을 보여줌을 알 수 있다. 첫째, 고의귀속의 간접사실과 임무위배를 인정하게 하는 간접사실이 대부분 중첩될 수밖에 없는데도, 그 두 가지 종류의 간접사실을 억지로 차별화해야 하는 불합리이다. 둘째, 간접사실의 차별화가 가능하더라도 불능미수의 위험성 판단을 오로지 추상적 위험설에 의거해야만 배임죄의 성립을 인정할 수 있다는 점에서 불능미수규정('위험성' 표지)의 '확장해석'(extensive Auslegung)이 일어난다는 점이다.

### 3) 모험거래에 국한되지 않는 경영판단원칙

**(가) 무리한 모험거래의 법적 통제** 이 두 가지 문제점에도 불구하고 이사의 경영결정이 배임죄의 불능미수가 되는 경우는 아마도 '무리한' 모험거래의 경우일 것이다. 즉 경영결정 당시에는 이득보다 손해가 발생할 가능성이 높음을 알면서도 위기타개 또는 일거에 큰 수익을 올리기 위해 미필적 배임고의를 갖고 무리한 모험거래를 하였지만, 그 후 외부의 사정이 유리하게 바뀌어 사후적으로 임무위배가 되지 않게 된 경우이다. 그러므로 경영판단원칙을 임무위배의 판단에 적용하는 견해는 결국 행위 후의 상황변화에 큰 힘을 입어 성공하게 된 모험거래들 가운데 어떤 기준으로 배임죄의 불능미수에 해당하는 유형과 그렇지 않은 유형을 구분할 것인가 하는 문제에 직면하게 된다.

**(나) 기업가 정신으로서 모험거래와 정신이 나간 모험거래** 그 문제의 해결은 다시 객관적인 실증적 기준이 아니라 주관적 가치론적 기준에 의존하기 쉬울 것이다. 가령 성공한 '지나치게 무리한' 모험거래와 성공한 (통상적인) 모험거래를 구분한다고 해보자. 여기서 '지나치게 무리한'이라는 개념은 가치충전이 필요한 개념(wertausfüllungsbedürftiger Begriff)이다. 이런 구분은 판례가 말하는 "기업가 정신"으로도

표현될 수 있다. 즉, "기업가 정신"에 속하는 모험거래와 그렇지 못한 (법이 승인하지 않는, 기업가) 정신이 나간 모험거래로 나뉠 수 있다.

(다) **배임죄의 불명확성 증대** 하지만 이로써 두 가지 치명적인 문제점이 발생한다. 첫 번째 문제점은 경영판단원칙이 사실상 모험거래의 경영결정에 대해서만 적용하게 된다는 점이다. 그러나 경영판단원칙은 모험거래가 아닌 일반적인 경영결정에 대해서도 적용될 수 있는 원칙이다. 사실 모험거래는 경영판단원칙이 적용되기 이전에도 배임죄의 임무위배여부를 판단할 때 고려되어 왔다. 그러므로 경영판단원칙을 임무위배여부의 판단에 고려하는 견해는 그 원칙의 적용영역을 현저히 축소시키게 된다고 볼 수 있다. 두 번째 문제점은 경영판단원칙의 실제적인 작동영역이 가치판단의 영역으로 이동하게 됨으로써 배임죄의 구성요건이 갖는 불명확성이 다시 한번 강화된다는 점이다. 그러나 이와 같은 중대한 문제점에도 불구하고 경영판단원칙을 배임고의의 귀속에서 고려하지 않고, 임무위배여부의 판단에서 고려해야 할 이유나 실익은 별로 없다.

### (2) 위법성조각사유

합리적 경영판단을 배임죄의 해석·적용에 고려하는 또 다른 범죄체계론상의 위치는 위법성조각사유이다.

#### 1) 업무로 인한 행위

먼저 합리적 경영판단에 근거한 경영결정을 "업무로 인한 행위"로 볼 수 있을 것인가?[24] 업무로 인한 행위는 법률가, 의사, 성직자와 같이 역사적으로 그 (직업)윤리성, 전문성, 공익성이 두드러진 직

---

24 이러한 해석의 가능성을 인정하는 이정민, "경영판단원칙과 업무상 배임죄", *형사정책연구* (제18권 제4호, 2007.12), 172쪽.

역의 업무에 대해서만 인정되는 것으로 보아야 한다.[25] 이에 비해 경영행위는 공익성이 없고, 윤리성도 매우 부족하다. 특히 아직 윤리경영의 이념이 시민사회의 신뢰를 받을 정도로 현실화되지 않았고, 자본주의체제의 특성상 그런 신뢰는 앞으로도 확립되기가 쉽지 않을 것으로 보인다. 따라서 경영행위가 "업무로 인한 행위"가 될 정도로 윤리성을 갖기는 어렵다.[26]

### 2) 사회상규로서 경영판단의 부적절성

다음으로 합리적 경영판단을 업무상 배임죄에 해당하기는 하지만 우리나라 기업인들의 경영문화에서 볼 때 사회상규(제20조)에 위배되지 않는다고 볼 여지가 있다.[27] 이는 사회상규의 의미를 단지 판례처럼 다양한 요소들의 이익형량적 판단에 의해 정하기보다는, 현대사회의 하부문화(subculture)로 재해석하고,[28] 합리적 경영판단을 통해 위험을 감수하면서 최대의 수익창출을 도모하는 기업가 정신을 그런 하부문화의 하나라고 보는 것이다.

그러나 이런 이론구성은 경영판단원칙의 적용요건이 충족되지 않았지만 이사가 자신의 경영판단이 합리적이었다고 믿었던 경우에도 배임고의의 귀속을 배제시키는 결과에 이르기 쉽다는 문제점이 있다. 그 이유를 살펴보면, 먼저 그런 경우 이사는 사회상규에 해당하는 사실(정당화상황)이 있다고 적극적으로 착오한 것이고, 이 착오는 '오상정당행위'가 될 수 있다. 이사는 회사의 이익을 증대하기 위한

---

25 이런 입장으로 이상돈, *형법강의* (법문사, 2010), §18－49.

26 이상돈·지유미, "경영판단과 경영배임", *사법* (24호, 2013.6), 62쪽.

27 이런 견해로 임중호, "주식회사 이사의 반자본단체적 행위에 대한 형사책임", *현대의 형사법학: 익헌 박정근박사화갑기념* (법원사, 1990), 681~682쪽.

28 이러한 해석으로 이상돈, *형법강의* (법문사, 2010), §18－76 참조.

의사를 가졌다는 점에서 오상방위 등에서 보듯 '법익보호의사'와 같은 정당화의사도 갖고 있었다고 말할 수 있다. 그리고 이사의 그와 같은 착오는 "죄의 성립요소인 사실을 인식하지 못한 행위"(제13조)에 해당하며, 따라서 배임고의는 탈락하게 된다. 물론 그런 착오에 과실이 있지만 과실배임죄는 없기 때문에 불가벌이 된다.

이상의 설명에서 보듯 경영판단을 사회상규에 해당하는 사유로 보게 되면, 경영판단원칙이 적용될 수 없는 이사의 경영결정에 대해서도 자칫 배임고의의 귀속을 탈락시키기 쉽다는 점을 알 수 있다. 물론 이와 같은 착오를 인정하지 않는다면 배임고의를 인정하고, 사회상규에 해당하지 않는다고 봄으로써 처벌이 가능하긴 하다. 그럼에도 불구하고 이런 이론적 결함을 굳이 감수하면서 경영판단원칙을 사회상규의 하나로 바라보는 것은 학문정책적으로 바람직하지가 않다.

## Ⅱ. 경영판단원칙의 외부적 기능

경영판단원칙은 배임고의를 배제하는 바와 같은 범죄체계의 내부적 기능 이외에 범죄체계 또는 형사사법체계를 넘어서는 외부적 기능을 갖고 있다.

### 1. 형법과 경영의 체계간 충돌과 조율

그런 기능의 대표적인 예는 경영과 법 사이의 합리성 충돌을 해소하는 것이다.

### (1) 위험감수와 위험회피의 범주적 충돌

판례(대판 2002도4229)[29]가 말한 "기업가 정신"이란 회사에 손해가 될 가능성은 있지만, 그 손해의 위험을 무릅쓰고, 더 큰 수익을 창출하려는 의지를 끊임없이 좇는 정신이라고 할 수 있다. 경영결정이라는 개념 대신에 기업가적 결정(unternehmerische Entscheidung)이라는 개념을 사용하는 독일 주식회사법 제93조(이사들의 주의의무와 책임) 제1항도 우리나라 판례와 다르지 않다고 보인다. 이런 점에서 경영영역은 '위험감수'(risk taking)의 원리가 지배한다. 이에 반해 배임죄나 횡령죄와 같은 형법은 재산권이라는 법익의 보호를 위해 그 법익을 침해하거나 침해의 위험을 발생시키는 행위를 금지하고, 그 위반을 엄정하게 처벌해야 한다. 그런 점에서 법은 최대한 (손해발생의) 위험을 피하라는 '위험회피'(risk avoiding)의 원리가 지배할 수밖에 없다. 위험을 감수해야 하는 경영영역에서 합리적 행동은 법에서 요청되는 위험회피의 요청에 위배되기 쉽다. 여기서 형법적 정의와 경영의 합리성 사이에 범주적 충돌이 발생함을 알 수 있다. 경영판단원칙을 수용하지 않는 경우에는 법의 경영에 대한 일방적 우위, 형법적 정의를 굴절시키지 않기 위한 경영합리성의 희생이라는 현상이 일어난다. 그러나 경영합리성을 고려하지 않는 형법은 오히려 법망을 빠져나가기 위한 불법과 탈법의 경영전략을 부추기는 역효과를 가져올 수도 있다. 거꾸로 바라보면 경영판단원칙을 적용하지 않는다면, 대기업의 지배주주들이 "소액주주나 일부 투자자 등에 대해 손해를 일으키거나 국가와 사회에 부당한 피해를 초래하게"[30] 되는 것[31]을

---

29 대법원 2004.7.22. 선고 2002도4229 판결.

30 이 점을 경영판단원칙의 수용을 반대하는 주된 논거로 삼는 강동욱, "이사의 경영판

오히려 막을 수가 없을 것이다. 경영판단원칙은 경영영역에서 형법의 경직된 적용에 의해 오히려 초래되기 쉬운 반생산적 결과(Kontra-produktivität)를 방지하는 기능을 할 수 있다.

### (2) 법치주의의 재해석

여기서 고전적인 법의 지배(rule of law)가 현대사회에서 더 이상 문자 그대로 관철될 수 없음을 알 수 있다. 고전적인 법의 지배 이념이 관철될 수 없는 현대사회의 가장 큰 구조적 이유는 사회체계의 분화에 있다. 오늘날 사회는 하나의 통일된 가치와 질서로 짜인 사회가 아니라 다원적인 가치와 각자 독립된 사회체계(subsystem)의 지속적인 분화가 진행되는 사회이다.[32] 법은 그러한 사회체계의 단지 하나일 뿐이다. 사회체계의 하나로서 법은 다원적 가치를 수용하고, 각 사회체계들의 자율성을 존중하여 그 체계가 생산하는 가치를 시민들이 향유할 수 있도록, 그 체계들과 소통하고, 그 체계들 사이의 충돌과 대립[33]을 조정하고 통합하는 임무를 수행하여야 한다. 경영에 대해서도 마찬가지이다. 대법원이 "영업이익의 원천인 기업가 정신을 위축시키는 결과를 낳게 되"(대판 2002도4229)지 않기 위해 경영판단원칙을 수용한 점도 바로 이러한 법과 사회체계의 변화에 조응하는 것이라 할 수 있다. 대법원의 입장을 재구성해보면, 기업가 정

단행위와 배임죄의 성부", *한양법학* (32집, 2010.11), 120쪽.

31 비슷한 관점에서 지배주주들의 사적 이익추구, 회사기회의 유용(Usurpation of Corporate Opportunity), 만연한 충실의무 위반 등을 이유로 경영판단원칙의 수용을 반대하는 이지수, "경영판단과 배임죄. 최근 배임죄 면책논의를 중심으로", *ERRI 이슈&분석* (ERRI 경제개혁연구소, 2013.2), 12~14쪽.

32 이런 인식을 가져온 대표적인 이론은 루만의 체계이론(Systemtheorie)이다.

33 이에 관해 자세히는 Sangdon Yi/SungSoo Hong, "The Legal development in Korea: juridification and proceduralization", *Law and Society in Korea* (Edward Elgar Publishing Limited 2013), 108~128쪽.

신을 존중하여, 영업이익을 극대화하기 위한 경영결정을 할 수 있게 하며, 이를 위해서 회사의 손해를 감수하며 더 큰 이익을 추구하는 행위에 대하여 위험회피원칙이라는 법의 보편적 원칙을 합리적 경영판단의 경우에는 적용하지 않겠다는 것이 된다.

### (3) 체계간 원칙

이러한 입장은 법을 하나의 사회체계로 바라보고, 법과 경영(또는 경제)이라는 사회체계와의 관계를 관찰해보면, 경영판단원칙은 법과 경영이라는 두 사회의 '체계간의 소통'[34]을 매개하고, 두 체계를 하나의 사회로 통합시킨다. 다시 말해 경영판단원칙은 좁은 의미의 법원칙이 아니라 법과 경영이라는 두 '체계간(體系間) 원칙'(intersystemic principle), 체계들 '사이의 원칙'(inbetween principle)이 된다고 말할 수 있다.[35] 이처럼 체계간 원칙을 수용함으로써 법은 법전문가 집단의 정의관념에 국한된 '폐쇄적인 체계'가 아니라 사회와 소통하는 '개방적인 체계'가 된다. 체계간 원칙은 —공식적인 민주적 입법제도의 한계를 성찰하고 그 민주성의 부족분을 메워주는 시민불복종, 인권운동, 공익소송운동 등의 시민운동[36]과 함께— 다원주의 사회에서 민주주의를 실현하는 새로운 기제의 하나가 된다. 체계간 원칙을 통해 법은 상부(국가)에서 생산되어 굴절없이 사회 속에 집행되어야 하는 규범의 체계가 아니라 하부(사회)에서 생산되는 규범을 통해 반성

---

34 체계'간' 소통이란 말은 저자도 다양한 글에서 피력해왔는데, 이 개념을 마치 영어 개념으로 옮긴 듯한 개념으로 intersystemic communication이 사용되기도 한다. 이러한 용어의 사용에 대하여는 대표적으로 Alberto Febbrajo, Gorm Harste, *Law and Intersystemic Communication: Understanding 'Structural Coupling'*(Ashgate Pub Co, 2013) 참조.

35 이러한 용어를 법학에서 사용하는 것은 저자가 처음 시도하는 것임을 일러두고 싶다.

36 이와 같은 시민운동의 이해에 관해서 이상돈, *시민운동론* (법문사, 2005) 참조.

적으로 조율되는 규범의 체계가 되는 것이다.

## 2. 경영패러다임의 변화와 경영판단원칙의 발전

경영판단원칙에 의해 체계간 충돌을 조율하는 강도는 시대마다 사회마다 다를 수가 있다. 법도 역사성이 있는 것처럼, 체계간 원칙의 기능도 역사성이 있다. 경영판단원칙의 수용과 발전에 대한 역사적 인식을 갖기 위해 경영의 패러다임을 경영에서 법이 차지하는 중요성의 단계적 차이를 기준으로 나누어 볼 필요가 있다. 이를테면 우리나라에서 1960년대 경제개발이 시작된 이래로 경영패러다임은 〈불법경영시대 → 탈법경영시대 → 윤리경영시대 → 준법경영시대〉로 나누어 볼 수 있다.

### (1) 불법경영과 탈법경영의 시대

첫째, 불법경영시대는 경제개발을 위해 독재를 정당화했던 시대이다. 대략 1961년 이후부터 군사정부가 유지되었던 1980년대 말까지로 볼 수 있다. 이 시대의 경영은 실정법을 위반하고, 정치와 유착되었으며, (대)기업의 고속 성장이 경영을 규율하는 법의 사실상 목적이 되었다. 둘째, 탈법경영시대는 정치체계가 민주화되고, 1992년 문민정부가 들어섰음에도 불구하고 노골적으로 법을 위반하지는 않지만, 탈법적인 방법으로 경영의 효율성을 추구했던 시대이다. 이 시대는 대략 문민정부 출범 이후부터 윤리경영시대를 열게 한 계기였던 1997년 시작된 경제위기와 IMF 관리체제에 이르는 기간으로 볼 수 있다. 여기서 탈법이란 불법과 달리 명시적인 법규정에 위반되지는 않지만, 법의 '취지'에 비추어 위법한 행위를 가리킨다. 예컨대 전환사채를 그룹총수의 자식에게 저가로 제3자 배정을 하는 등의 경영결정[37]은 당시 명문규정에 위반되는 불법은 아니었다.

불법경영시대나 탈법경영시대에서 경영은 법에 대해 우위를 점하는 위치에 있었다고 볼 수 있다. 이처럼 경영이 법에 대해 우위를 점하는 시대에 경영판단원칙은 수용될 필요도 없었다. 학문적인 작업의 일환으로 미국의 경영판단원칙이 연구되기는 했지만, 경영판단원칙이 수용되어서는 안 되는 경영현실이었다고 볼 수 있다. 왜냐하면 그처럼 경영에 대한 법적 통제가 미미한 상황에서 경영판단원칙은 불법경영과 탈법경영을 더욱 부추기고, 뒷받침하는 법파괴의 원칙이 될 수 있기 때문이다.

### (2) 윤리경영시대

셋째, 윤리경영시대는 1997년 경제위기와 IMF 관리체제 이후의 경영패러다임이다. 이 시기에 기업의 사회적 책임은 더욱 강조되었고, 경영은 윤리적으로 비판받을 만한 행위들(예: 분식회계, 내부자거래, 주가조작 등 시장에 대한 사기)을 지양해야 한다는 시대적 요청이 생겨났다. 윤리경영(moral management)[38]의 공식적인 선포는 S전자가 2002년에 한 것이 처음이었지만, 그 요청은 IMF 관리체제를 낳은 경제위기로부터 솟아났다. 하지만 윤리경영은 일종의 '목적강령'과 같은 것이었다. 법제화가 상당 부분 이루어지긴 했으나 윤리경영은 아직 현실이 아니고, 이념이며 목표였을 뿐이다. 경영에서 선포된

---

37 그러나 이 행위가 당시에서 배임죄에 해당한다고 보는 이상돈, "전환사채의 저가발행을 통한 경영권 승계의 배임성", *형사정책연구* (통권 제90호, 2012.6), 5~40쪽 참조.

38 이에 관한 개괄적 이해로는 최인철, "재인식되는 기업의 사회적 책임", *삼성경제연구소 연구보고서* (2003.4.1)와 최인철/유석진, "「윤리경영」의 선진사례와 도입방안", *삼성경제연구소 CEO 인포메이션* (제351호, 2002.6.5).

윤리강령의 도덕적 수준에서 바라보면, 윤리와 그것을 제도화한 법이 경영에 대해 (상대적으로 약간의) 우위를 점하는 것이었지만, 법의 경영에 대한 우위는 결코 보편적인 경영현실이 아니었다. 하지만 법제화된 윤리경영의 요청이 실제로 관철되는 경영현실이 부분적으로 펼쳐졌고, 바로 그 한에서는 경영판단원칙이 적용될 필요성과 정당성이 생겨났다. 특히 경영상의 모럴헤저드(moral hazard 도덕적 해이)를 배임죄로 처벌하는[39] 형법의 경영에 대한 지나친 우위 현상이 두드러졌던 2000년대 초반에 경영판단원칙이 본격적으로 수용된 것은 결코 우연이 아니다.

### (3) 준법경영시대와 경영판단원칙의 확장 필요성

넷째, 윤리경영의 강령은 2000년대 후반 경제민주화의 요청이 점점 더 강해지면서, 준법경영에 대한 요구로 발전하였다.

#### 1) 상장기업의 전방위적 준법의무

특히 2011년 상법 제542조의13(준법통제기준 및 준법지원인)의 제정은 준법경영시대를 공식 선포하는 신호탄[40]과 같은 것이라고 볼 수 있다. 오늘날 상장회사들은 준법지원인을 두고, 경영을 함에 있어 "법령을 준수하고 회사경영을 적정하게 하"(상법 제542조의13 제1항)여야 한다. 이로써 경영과 법의 관계에서 경영은 원칙적으로 '모든' 회사경영에서 '모든' 법령을 준수할 의무를 지게 되었다. 이로써 법의 경영에 대한 우위의 시대가 열렸다고 말할 수 있다.

---

39 모럴헤저드의 범죄화 현상을 분석한 이상돈, "경영실패와 경영진의 형사책임", *법조*(제560호, 2003), 61~99쪽.

40 일상사적 관점에서 보면 준법경영시대는 우리나라 최대그룹인 S 그룹 Y 회장이 특검의 수사를 받고 차명주식의 양도차익에 대한 조세포탈죄로 처벌받은 이후 그 차명주식들을 실명으로 전환한 사건(2008년)에 의해 이미 그 서막이 열렸다고 볼 수 있다.

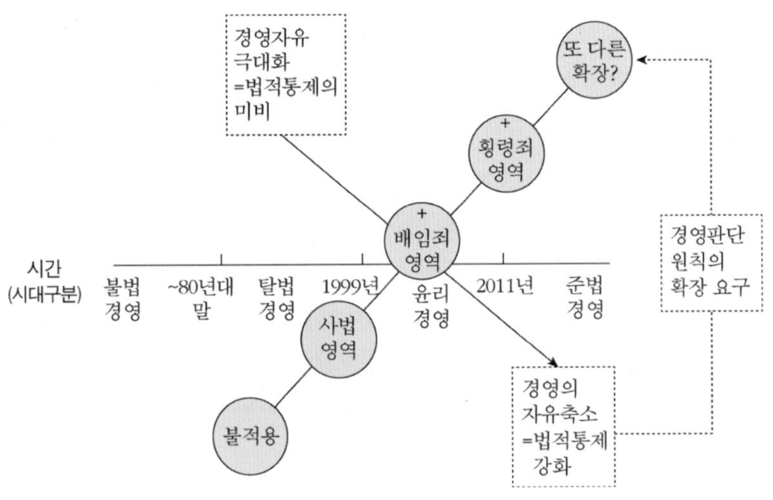


### 2) 적정경영과 경영판단원칙의 확장 필요성

하지만 경영에서 전방위적인 준법은 자칫 경영합리성을 해칠 위험을 내재하고 있다. 이 점을 상법도 "회사경영을 적정하게" 한다는 개념으로 표현하고 있다. 적정성(proportionality)이란 경영과 법(및 법이 제도화하는 윤리) 사이의 균형을 의미한다. 앞서 설명한 경영이라는 사회체계와 법이라는 사회체계 사이의 합리성 충돌을 해소하고 조율하는 것이 바로 이 '적정'성의 의미이다. 여기서 준법경영이 현실이 될수록 법이 경영에 대해 지나치게 우위에 놓이게 될 위험이 발생하며, 이 위험에 대응하는 체계간 원칙(intersystemic principle)의 하나가 바로 경영판단원칙이다. 따라서 오늘날 경영판단원칙은 거의 모든 유형의 경영결정을 포위하고 있는 법의 역기능을 견제하고, 경영합리성을 유지하기 위해 좀더 넓은 영역(예컨대 배임죄만이 아니라 횡령죄에서도, 그리고 개별기업의 차원뿐만 아니라 그룹차원의 경영결정에도 적용되고), 특히 형사책임을 귀속시키는 경우에는 민사상 이사의 손해배상책임을 귀속시키는 경우보다 그 적용요건이 좀더 완화될 필요가 있다.

CHAPTER

# 3

# 경영판단원칙의 적용요건 완화

# 경영판단원칙의 적용요건 완화

경영판단원칙은 이사가 선의의무, 충실의무, 선관주의의무를 다한 경우에만 적용된다. 이런 적용요건은 사법상 손해배상책임의 요건인 경우와 형법상 배임고의를 배제시키는 요건(정확히는 간접사실)인 경우에 모두 충족되어야 한다. 하지만 그 요건은 형법상 배임죄의 성립을 판단함에는 형법의 목적에 비추어 다소 완화될 수 있다.

## Ⅰ. 선의의무와 법준수

### 1. 주관적 요건으로서 선의의무

경영판단원칙의 주관적 요건인 선의(good faith)의 의미는 아직 명확하게 확립되지 않고 있다. 선의의 요건을 본격적으로 정형화한 미국 델라웨어 주(州) 대법원이 선의의무의 위반을 인정한 대표적인 경우로는 다음 세 가지의 경우를 들 수 있다.[1]

---

1 *Stone v. Ritter*, 911 A.2d 369 (2006) 참조: "A failure to act in good faith may be shown, for instance, where the fiduciary intentionally acts with a purpose other than tna of advancing the best interests of the corporation, where the fiduciary acts with the intent to violate applicable positive law, or where the fiduciary intentionally fails to act in the face of a kown duty to act, demonstrating a conscious disregard for his duties. There may be other examples of bad faith yet to be proven or alleged, but these three are the most salient."

① 회사의 "최선의 이익"을 다하는 것 이외의 목적을 가지고 행위를 하는 경우
② 이사가 해당 거래나 행위에 적용되는 실정법을 위반할 의도로 행위를 하는 경우
③ 이사가 작위의무가 있음을 알면서도 이를 의도적으로 이행하지 않음으로써 그 의무에 대해 의식적 무관심을 보인 경우

이 세 가지 중 어느 하나에만 해당하여도 이사는 선의의무를 위반한 것이며, 그는 악의(bad faith)를 가졌던 것으로 인정된다. 이러한 악의의 유형들을 형법학에서 재해석하여 형법상 경영판단원칙의 적용요건으로 확립할 필요가 있다.

### (1) 선의로서 회사와 이사의 윈-윈 의사

첫째, 회사의 최선의 이익을 도모하는 목적 이외의 목적이란 대표적으로 '사적 이익'을 추구하는 목적을 들 수 있다. 그러나 사익추구의 목적이 없었다고 인정되는 경우란 이사가 '오로지' 회사의 이익을 도모하는 의도만을 가졌어야 함을 뜻하지 않는다. 왜냐하면 회사의 이익 도모가 이사의 이익으로 귀속되는 선순환의 관계는 경영상의 모럴헤저드가 아니기 때문이다. 따라서 선의를 배제시키는 사익추구의 목적이란 사익추구를 위해 회사의 최선이익을 추구하는 것을 희생시키려는 의사를 가리킨다. 그러므로 이사 개인의 이익이 도모되지만, 그로 인해 회사도 새로운 이익을 얻게 하는 이사의 의사, 즉 회사와 이사가 모두 윈-윈(win-win)하게 하려는 의사를 가진 이사는 무조건 선의의무에 위반하게 되는 것이 아니다. 예컨대 이사가 특별보수를 받으며 회사를 매도하였지만, 그 매도가 회사에게도 이

익이 되는 경우[2]라든지, 피인수회사의 자산을 담보로 대출을 받아 그 회사를 인수하고(이른바 'LBO') 경영을 정상화시킨 대표이사의 경우,[3] 또는 자신이 대표로 있는 회사의 주식을 캐피탈회사가 매수하여 일정기간 보유(주식파킹)하여 주가를 유지시키고 그 대가로 파킹료를 준 회사대표의 경우[4]에서도 경영판단원칙은 배제되지 않는다.

다시 말해 윈-윈의 이익추구가 회사에게 그 당시로서는 '최선의 이익'(best interests)을 실현하는 방편이었다면 그때의 경영판단은 선의에 의한 것이라고 보아야 한다. 다만 '최선'의 이익이란 '최대'의 이익(biggest interests)과 혼동해서는 안 된다. 이사에게 이득이 되면서 회사에 그 행위를 하지 않는 것보다는 다소의 이익을 가져다주는 경우에도 선의는 인정될 수 있다.

**【 사례 ⓓ 】**

甲은 K 사의 대표이사로서 2001.5.25. D 종금과의 사이에 A ㈜의 법정관리가 종결되면 A ㈜가 D 종금에 90억원을 지급하여 D 종금이 A ㈜에 대해 보유하고 있는 잔여정리채권을 포함한 모든 채권이 자동 소멸하는 것으로 하며, 이에 더하여 A ㈜의 채권에 대해 D 종금이 질권설정한 것 모두를 해지한다는 약정을 체결하였다. 이 약정은 甲이 A ㈜의 대표이사가 된 이후인 2001.6.15. A ㈜가 D 종금에 96억원을 지급하는 것으로 변경되었고, 이와 같은 약정에 따라 2001.6.27. A ㈜는 D 종금에 96억원을 지급하였다. 甲은 A ㈜를 인수할 자금을 조달하기 위

2 이런 경우는 독일법상 경영판단원칙이 적용되는 예이기도 하며, 이에 관한 자세한 설명으로 권상로, "미국·독일법상의 경영판단의 원칙 도입여부에 관한 연구", *한국법학회 법학연구* (제33집, 2009.2), 252~253쪽 참조.

3 이에 대한 자세한 분석은 이상돈, "차입에 의한 기업인수(LBO)와 배임죄", *경제법연구* (제7권 제1호, 2008), 171~194쪽; 이상돈, *경영과 형법* (법문사, 2011), 335~357쪽 참조.

4 주식파킹이 다소 시장에 대한 사기적 요소가 있다는 점에서는 비윤리적이긴 하지만 이는 불법이득의사가 될 수는 없다고 보는 이상돈, *윤리경영과 형법* (신영사, 1998), 54쪽.

해 K 사 명의로 2001.6.4. D 종금으로부터 350억원을 대출받으면서 우선 K 사가 취득할 A ㈜의 발행주식 520만 주에 대하여 근질권을 설정하되, K 사가 A ㈜를 인수한 이후에는 A ㈜ 소유의 부동산에 대해 근저당권을 설정하기로 약정하였고, 이와 같은 약정에 따라 K 사의 A ㈜ 인수 후인 2001.6.25. A ㈜ 소유의 부동산에 대한 근저당권 설정계약을 체결하여 2001.7.3.부터 2001.7.9. 사이에 근저당권설정등기를 경료하고 D 종금으로부터 신주를 반환받았다. 또한 甲은 2001.6.5. K 사 명의로 H 은행으로부터 320억원을 대출받으면서 K 사가 A ㈜의 정리채권자인 N 종금으로부터 양수하기로 한 정리채권(620억원 상당)에 대해 우선 담보를 설정하고, A ㈜를 인수한 후에 A ㈜가 현금 시재로 보유하고 있는 320억원을 H 은행에 예치하여 이를 대출금채무에 대한 담보로 제공하는 대신 정리채권에 대한 담보를 해지하기로 약정하였다. 이에 따라 2001.6.9. A ㈜의 보유자금인 320억원을 H 은행에 예치하고, 2001.6.13. 그 정기예금채권에 대해 근질권설정계약을 체결하고 정리채권 등에 대한 담보를 해지하였다. 2001.6.7. S 지법 파산부는 A ㈜의 관리인 乙의 정리담보권 및 정리채권 조기변제 허가신청을 허가하였고, 같은 날 甲은 법원으로부터 대표이사 선임허가를 받아 등기를 경료하였다. A ㈜는 2001.6.8. 정리담보권자 및 정리채권자의 채권원리금을 현재가치로 할인하여 정리담보권자와 정리채권자 각각에 대해 채무를 변제하고, 법원은 같은 날 A ㈜에 대한 회사정리절차를 종결하였다. 법정관리 종결 당시 A ㈜의 채무는 약 1,035억원에 달하였으나 이후 A ㈜는 비약적인 성장을 하여 2003.6.30.엔 순자산가치만 1천억원이 넘게 되었다. ① 판례는 甲에게 업무상 배임죄를 인정하면서 '차입매수인에게 피인수회사의 이익을 위한다는 의사가 있다 하더라도 차입매수인이 피인수회사의 자산을 금융기관들에 대해 담보로 제공한 것은 실질적으로 차입매수인 자신 또는 차입매수를 위해 설립한 서류상의 회사가 피인수회사의 주주로서의 지위 또는 경영권을 취득하려는 개인적 이익을 위하여 한 행위이므로, 자신의 이득 또는 가해의 의사가 주된 것이라고 볼 수 있어 배임의 고의를 인정해야 한다'고 보았다.[5] ② 차입매수(LBO Leveraged Buyouts)가 차입매수자에게 이익을 주는 것은 맞다. 그러나 차입매수라는 M&A의 방법에서 피인수회사의 담보제공은 그 기업을 구조조정하고 손익구조를 개선함으로써 회사에게 이익이 되어 돌

5 대법원 2006.11.9. 선고 2004도7027 판결.

아올 수 있다. 실제로 피인수회사가 회생하지 않고는 그 차입매수자의 이익도 물거품이 되고 만다. 다시 말해 차입매수자에게는 "경영권인수와 투자차익의 실현 그리고 피인수회사에게는 구조조정과 경영정상화 등을 동시적으로 성공시키려는"[6] 윈-윈의 의사가 있을 뿐이며, 따라서 배임고의가 인정될 수 없다.

### (2) 적극적 재산증식의무 이행의 의사

선의의무 위반의 두 번째 내용은 작위의무(duty to act), 즉 회사의 이익을 실현하는 데 필요한 작위의무를 하지 않는 것이다. 이때 회사의 이익실현은 '최선의 이익'(best interests)을 실현하여야 하는 것이므로, 여기서 작위의무는 회사의 재산을 단지 보존하는 것만이 아니라 적극적으로 증식시킬 의무, 즉 독일 형법학에서 지배적인 배임죄해석인 '적극적' 재산관리의무(aktive Vermögens-fürsorgepflicht)를 이행할 작위의무에 상응한다고 볼 수 있다. 독일 형법상 신임파괴(Treubruch)의 구성요건이 전제하는 재산관리의무도 민사상 재산관리의무에 의해 각인되어왔다.[7] 이 점은 미국법상 신의의무(와 그런 의무로서 작위의무)와 배임죄의 재산관리의무가 매우 흡사한 것임을 보여준다. 따라서 경영판단원칙의 적용요건으로서 선의의 진정한 의미는 이사가 적극적인 재산관리의무를 이행하려는 의사를 갖고 있는 것이라고 볼 수 있다.

#### 1) M&A와 경영판단

이런 의사는 가령 M&A에서도 인정될 수 있다. 예컨대 M&A는 회사의 비약적인 발전을 가져올 수도 있지만, 때로는 인수자금조달의

---

6 이상돈, *경영과 형법* (법문사, 2011), 367쪽.

7 이 점에 관해 Kathrin Rentrop, *Untreue und Unterschlagung* (§§ 266 und 246 StGB). *Reformdiskussion und Gesetzgebung seit dem 19. Jahrhundert* (Berliner Wissenschafts-Verlag, 2007), 특히 190, 275, 289쪽 참조.

어려움으로 재무구조가 악화되는 손실이 발생할 수도 있다. 이때 M&A를 합리적 판단에 의해 추진하는 경영결정은 설령 합리적으로 예측할 수 없는 이유에 의해 회사에 손실을 가져다주는 경우일지라도 선의의무를 위반한 것으로 볼 수 없다. 왜냐하면 거꾸로 M&A가 그 회사의 성장을 가져다준다는 합리적 판단이 있는 데도 불구하고 M&A를 추진하지 않는다면 그것이 바로 이사의 적극적 재산관리의무 위반이라고 볼 수 있기 때문이다. 물론 M&A와 다른 방법으로 그것과 동등하거나 더 나은 이익을 실현할 수 있는 경우였다면 M&A를 추진하지 않은 것이 선의의무에 위반될 수는 없다.

2) 부외자금의 M&A 사용과 경영판단

또한 회사의 부외자금을 M&A를 성공시키는 경비로 사용하여 M&A를 성공시키는 경영인에게도 그 M&A의 효과에 대한 예측이 합리적 판단에 기초하고 있는 이상 선의의무 위반을 인정할 수 없다. 그와 같은 부외자금의 사용은 분명 회사의 재산을 비약적으로 증식시키는 경영결정일 수 있고, 이는 이사가 선의의무를 이행하고 있음을 말해주는 것이기 때문이다. 물론 이런 결론은 부외자금 횡령의 죄에 대해서도 경영판단원칙이 적용될 수 있다는 점을 전제로 한다.[8]

## 2. 준법의 범위

다만 이 경우 부외자금의 조성과 운영이 주식회사의 외부감사에 관한 법률 제20조에 의해 처벌될 수 있다는 점이 문제이다.

---

8 이에 관해서 뒤의 [4]장.Ⅱ.3.(2) 단락을 참조.

### (1) 선의의 요건으로서 준법의 범위

여기서 선의가 인정되기 위해 이사가 준수해야 할 법(적 의무)의 범위는 어디까지인지가 문제로 등장한다. 여기서 준수해야 하는 법의 범위를 다음과 같이 크게 세 유형으로 나눌 수 있다.

- **협의의 준법** 당해 경영판단사항과 관련하여 즉, 그 경영결정이 회사에 최선의 이익을 창출하는 것인지에 관한 판단에서 경영인이 선관주의와 충실의무를 위반하지 않는 것
- **광의의 준법** 회사 내부에서의 경영판단의 과정과 실행에 직접 관련된 법령(예: 상법상 이사회결의나 주총결의의 법적 요건과 절차)을 준수하는 것
- **최광의의 준법** 경영판단의 과정과 실행에 관련된 일체의 법령(예: 주식회사의 외부감사에 관한 법률, 조세법 등)을 준수하는 것

여기서 협의의 준법은 신의의무를 선관주의의무와 충실의무로 환원시키므로 선의의 판단에서 그 독자적 기능을 잃어버린다는 점에서 타당하지 않다.

### (2) 준법경영의 요청과 선의의무의 무관련성

또한 최광의의 준법도 선의를 인정하기 위한 간접사실로 적절하지 않다. 최광의의 준법 개념에서 법준수는 이사의 주관적 내면의식의 상태에 관계되는 선의와 내적인 연관성이 없다. 왜냐하면 어떤 법령의 위반이 경영판단의 합리성 자체를 그르치게 하는 효과가 없는 경우에도 악의를 인정한다면, 선의의무는 경영판단과 직접 관계가 없이 (경영에서) 준법(정신)의 강화라는 목적강령을 실현하는 수단

이 되어 버리기 때문이다. 앞서 설명한 바와 같이 <불법경영시대 → 탈법경영시대 → 윤리경영시대 → 준법경영시대>로 발전해가고 있다고 할 때, 최광의의 준법 개념은 경영판단에서 선의의 개념을 준법경영시대를 구현하기 위한 투쟁적 개념으로 만들어 버린다.[9] 물론 2011년 이후 공식화된 준법경영의 명령을 경영판단원칙의 적용요건에 관철하려고 한다면, 그 위치는 선의의무가 아니라 선관주의의무가 되어야 한다. 또한 이런 법준수의무는 전방위적인 준법경영이 법제화되는 것뿐만 아니라 경영의 현실이 되는 때에야 비로소 선관주의의무의 내용으로 터잡을 수 있을 것이다. 따라서 현재까지 경영상 배임이나 횡령에서 경영판단원칙을 적용하는 요건으로 최광의의 법준수의무는 채택될 수 없다고 본다.

### (3) 선의의무로서 경영판단의 합리성을 보장하는 절차적 법령의 준수

따라서 선의의 개념에 포함될 수 있는 적절한 준법 개념은 광의의 준법이라고 볼 수 있다. 경영판단을 리스크 판단오류형과 절차위반형으로 나누어 후자의 경우 경영판단원칙의 적용을 배제하는 이론[10]도 큰 흐름에서는 이런 입장에 서 있는 것이라 할 수 있다. 예컨대 경영판단이 상법상 이사회나 주주총회의 특별결의(상법 제513조 제

---

9 이 한에서 "준법경영 또는 윤리경영의 시대에 회사의 이사가 업무를 수행함에 있어 실정법을 위반하지 않아야 한다는 것은 회사의 이사가 회사 및 주주에게 부담하는 의무의 한 부분을 이룬다"고 본 저자의 공동논문(이상돈·지유미, "경영판단과 경영배임", *사법* (제24호, 2013), 54쪽))의 입장은 다소 수정된다.

10 이정민, "경영판단원칙과 업무상 배임죄", *형사정책연구* (18권 4호, 2007.12), 176쪽. 다만 이정민 교수는 경영판단원칙을 임무위배여부를 판단할 때 적용되는 원칙으로 본다. 하지만 절차위반형과 판단오류형 사이의 구분은 경영판단원칙을 배임고의의 귀속에서 적용되는 원칙으로 보는 경우에도 매우 유용한 구분이 될 수 있다.

2항의 전환사채 제3자 발행)[11]를 필요로 하는 사항에 관한 것인데도 그 법적 절차를 위반하였다면, 선의의무의 위반이 인정되고, 이로써 이사에게 경영판단을 이유로 배임고의를 부정할 수 없게 된다.

1) 독자적인 처벌법규가 있는 법적 의무의 제외

델라웨어 주(州) 대법원이 제시한 "이사가 해당 거래나 행위에 적용되는 실정법을 위반할 의도"(with the intent to violate *applicable* positive law)도 이처럼 경영판단의 합리성을 절차적으로 구현하는 실정법을 위반하는 의도를 가리키는 것으로 해석할 수 있다. 이런 입장은 그 밖의 실정법 위반행위(부분)는 경영판단원칙을 적용하는 배임죄나 횡령죄가 아니라 그 위반행위를 직접 규율하고 처벌하는 형벌법규(예: 조세범처벌법, 주식회사의 외부감사에 관한 법률 등)에 의해 처벌되어야 한다는 점을 전제한다. 하지만 그런 범죄(예: 조세포탈죄, 분식회계죄 등)가 성립한다고 해서 같은 범죄사실에 대한 배임죄나 횡령죄의 적용에서 —선의의무 위반이나 선관주의의무 위반을 이유로 삼아— 경영판단원칙이 배제되는 것은 아니다.

2) 선의의 판단에서 법준수의무의 의미의 예시적 설명

이상의 내용을 구체적인 예로써 다시 설명해 본다. 가령 어떤 회사의 대표이사가 분식회계를 통하여 비자금을 조성해서 전망이 밝은 M&A를 성사시키는데 경비로 사용했다고 하자.[12] 회사의 발전을 위해 비자금을 조성하여 M&A의 자금으로 사용하는 대표에게 횡령죄의 성립에 필요한 불법영득의사를 인정할 것인가 하는 사실인정의 문제는 경영판단원칙의 적용여부에 따라 크게 좌우될 수 있다.

---

11 이 점에 관해 자세히는 이상돈, "전환사채의 저가발행을 통한 경영권 승계의 배임성", *형사정책연구* (제23권 제2호, 2012), 29쪽 아래 참조.

12 이에 관해 자세히는 [4]장.Ⅱ.3.(2).2) 참조.

왜냐하면 그 적용여부에 따라 그 행위가 회사를 위한 비자금의 사용인지가 결정되기 쉽기 때문이다. 이때 경영판단원칙의 적용요건으로서 선의의무의 하나인 준법의무는 분식회계를 하지 않을 법적 의무에까지 미치는 것은 아니다. 그런 경영판단의 실행과정에서 일어나는 분식회계행위는 주식회사의 외부감사에 관한 법률 제20조 제1항 제2항에 의해 '따로' 처벌하고 있기 때문이다.

3) 이중평가와 과잉금지원칙

이 처벌법규는 횡령죄나 배임죄의 불법과 거의 동등한[13] 수준의 형사불법을 인정하는 범죄구성요건이다. 만일 분식회계라는 위법을 이유로 배임죄나 횡령죄의 성립에 대한 판단에서 경영판단원칙의 적용을 제외시킨다면 하나의 불법요소가 (특히 처단형을 정하는) 양형과정에서 이중평가를 받는 셈이 되기 때문이다.[14] 가령 M&A 목적의 비자금 사용액이 50억원이 넘는다면 특경법이 적용되어 법정형이 무기 또는 5년 이상의 징역이 되는데, 여기에 외감법 제20조 제1항 위반죄가 실체적 경합관계로 성립하게 되면 처단형은 유기징역을 선택할 경우에 제38조 제1항 제2호를 적용하여 7년 6월 이상의 징역형이 되어 존속살인죄보다도 높아지게 된다. 목적과 결과에서 회사를 위한 행위였지만 분식회계의 방법으로 인해 존속살인죄보다 높은 처단형이 정해지는 것은 과잉금지원칙에도 위배된다.

---

13 제20조 제1항은 회사의 이사(상법 제401조의2 및 제635조 제1항)와 회계업무담당자의 "회계처리기준을 위반하여 거짓으로 재무제표 또는 연결재무제표를 작성·공시한 경우 7년 이하의 징역 또는 7천만원 이하의 벌금에 처한다." 이 법정형은 단순 횡령죄나 배임죄의 5년 이하의 징역 또는 1천500만원 이하의 벌금보다는 중하고 업무상 횡령죄와 배임죄의 10년 이하의 징역 또는 3천만원 이하의 벌금보다는 징역형 부분이 가볍다.

14 독일 형법학에서는 양형요소의 이중평가금지 원칙이 확립되어 있지만, 우리나라의 경우에는 이중평가금지가 사안에 따라 준수되기도 하고 그렇지 않기도 한 것으로 보인다.

그렇게 높은 처단형은 비자금을 회사를 위한 목적이 아니라 개인적 용도로 사용했을 때에나 비로소 그 책임에 비례하는 형벌이 될 수 있을 뿐이다. 물론 이 경우에도 존속살인죄보다 높은 처단형이 정해지는 것은 다소 과잉의 형벌이라고 볼 여지도 있다.

## Ⅱ. 충실의무와 형법의 보충성

### 1. 충실의무로서 자기거래제한의 목적

경영판단원칙의 적용요건으로 충실의무[15]는 우리나라에서는 1998년 상법 제382조의3[16]에 처음 도입되었다. 하지만 이 조항의 적용은 아직까지는 거의 활용되고 있지 않는 것으로 보인다.

#### (1) 상법상 자기거래제한의 보호목적과 횡령·배임죄의 보호목적

미국법상 신인의무의 요소로서 충실의무는 이사의 자기거래(self-dealing)에 대한 제한이 핵심을 이룬다. 자기거래의 제한은 우리나라에서도 1962년 제정 상법(제398조) 때부터 인정되어 왔고, 다만 그 요건이 과반수 의결에서 3분의 2 의결로 강화되었고, 그 적용대상자도 굉장히 넓어졌으며, 거래의 공정성 조항("그 거래의 내용과 절차가 공정

15 **[충실의무 위반과 경영판단원칙의 적용문제를 다룬 논문]** ① 김은정, "이사의 자기거래와 경영판단의 원칙", *선진상사법률연구* (제54호, 2011.4), 30~66쪽. ② 김희철, "이사의 선관주의의무 및 충실의무, 경영판단의 원칙간의 관계 정리", *고시계* (제58권 제11호, 2013), 153~166쪽. ③ 서영민, "기업 임원의 이익충돌거래와 경영판단의 법칙", *해외연수검사연구논문집* (제25-1집, 2010), 3~158쪽.

16 상법 제382조의3(이사의 충실의무) "이사는 법령과 정관의 규정에 따라 회사를 위하여 그 직무를 충실하게 수행하여야 한다."

하여야 한다")이 추가되는 변화가 있었다.

그러면 경영판단의 대상이 된 행위가 이사의 자기거래행위인 경우 배임죄나 횡령죄의 성립에 대한 판단에서 경영판단원칙을 적용할 수 있으려면 상법 제398조의 요건을 반드시 충족하여야만 하는가? 제398조의 '목적'은 "회사의 이익을 침해하면서 부당한 이득을 취하는 행위를 방지"[17]하는 것이고, 이는 형법상 배임죄나 횡령죄의 보호법익에 대한 해석과 일치한다.

### (2) 형법의 보호목적 외에 있는 자기거래의 절차적 요건

이에 반해 상법 제398조가 정립한 '절차적' 요건, 즉 이사회의 (과반수 또는 현행법처럼 3분의 2 이상의) 찬성 결의를 받도록 하는 것은 형법상의 보호목적과 직접적인 관련이 있지는 않다. 자기거래의 실체적 요건과 구별되는 자기거래의 '절차적' 요건은 회사의 의사결정의 (절차적) 합리성(procedural rationality)과 대표이사의 독단적 결정을 배제하는 회사 거버넌스의 민주성(democracy of governace)[18]을 실현하기 위한 것이다. 제398조가 "그 거래의 내용과 절차는 공정하여야 한다"고 규정할 때, 절차의 공정성은 형법상 배임죄와 횡령죄의 보호목적(Schutzzweck der Norm) 밖에 있는 것으로 보아야 한다. 왜냐하면 배임죄와 횡령죄는 본인(회사)의 재산권(소유권)을 보호하는 것을 목적으로 할 뿐, 회사 거버넌스의 민주성과 의사결정의 절차적 합리

---

17 2011.4.14. 상법 개정 이유 주요내용 사. 참조.

18 여기서 회사 거버넌스의 의미는 기업이 경영진, 주주, 종업원, 채권자 등의 복잡한 이해관계를 조화롭게 실현하기 위한 의사결정력의 분배에 관련한 제도적 장치를 가리킨다. 예컨대 이사회의 구성에서 사외이사가 과반수 이상이 되도록 하는 것이나 이사의 자기거래를 그런 이사회의 가중정족수 의결을 거치도록 하는 것 등을 회사 거버넌스의 민주성이라고 말할 수 있다. 이때 민주성은 기업의 의사결정이 경영진, 주주, 종업원, 채권자 등의 복잡한 이해관계를 조화롭게 실현하는 상태를 뜻한다.

성을 목적으로 삼는 규범이 아니기 때문이다.

이런 해석은 형법의 보충성을 위한 것이기도 한다. 형법학에서 말하는 보호목적이란 목적론적 해석(teleologische Auslegung)의 한 형태이고, 따라서 보호목적의 법리를 적용한다는 것은 곧 목적론적 해석을 하는 것을 의미한다. 만일 형법을 이렇게 목적론적으로 해석하지 않는다면, 형법은 상법상의 일탈행위를 광범위하게 통제하는 규범으로 유연화될 수 있다. 그로써 형법은 (私法에 대한) 보충성을 잃어버린다. 다시 말해 형법은 연성법(soft law)이 되어 버리는 것이다. 하지만 자기거래제한규정의 이러한 제한해석으로 인해 충실의무가 선관주의의무로 환원되어 버리는 것이 아님에 주의할 필요가 있다. 왜냐하면 선관주의의무는 '경영판단 자체의 합리성'에 관련한 의무인 반면, 충실의무는 경영판단의 '결과'(회사에 대한 손해발생과 이사의 이득의 결과)에 관련한 의무이기 때문이다. 또한 선의의무의 한 내용인 준법의무로서 논의한 절차적 법령의 준수의무도 제398조의 절차적 요건 부분(이사회의 3분의 2 의결)에까지 미치지 않는다고 보아야 한다.

### (3) 회사에 대한 가해(의사)로서 충실의무 위반

따라서 자기거래제한에 구현된 충실의무는 이사의 자기거래가 '내용적으로 공정'해야 한다는 의미로 남게 된다. 이 내용적 공정성은 판례의 "아무런 개인적인 이익을 취할 의도 없이"[19]라는 요건에 관계된다. 여기서 '아무런 개인적인 이익을 취할 의도 없이'는 '회사에 손해를 끼치면서' 개인적 이익을 취하는 의도를 가리킨다고 해석하여야 한다. 왜냐하면 배임죄의 구성요건은 "이익을 취득하게 하여 본인에게 손해를 가한 때"라고 규정함으로써 이득만으로는 배임죄

19 대법원 2004.7.22. 선고 2002도4229 판결.

가 성립하지 않기 때문이다. 가령 적대적 M&A가 그 대상회사의 주주와 회사에 해가 된다고 판단하면 이사의 경영권방어행위를 할 수 있지만, 이사가 자신의 이익이나 지위(경영권)를 지키기 위하여 회사와 주주의 이익을 해하는 방어행위를 한 경우에는 충실의무 위반이 인정될 수 있다.[20] 이 경우 방어행위는 강화된 경영판단원칙에서 보듯 적대적 M&A가 가져오는 위험의 정도와 비례적인(proportional) 것이어야 한다.

물론 배임죄는 사기죄와 달리 이사가 취득한 이익과 회사가 입은 손해가 그 실질이 같은 것('자료동질성' Stoffgleichkeit)일 필요는 없다. 하지만 회사에 손해를 가함이 없이는 배임죄가 성립하지 않는다. 횡령죄에서도 횡령은 본인(회사)의 소유권을 침해한다는 점에서 가해의 의사는 불법영득의사의 내용을 구성하고 있다.

### (4) 자기거래의 내용적 공정성

거래현실에서도 배임죄와 횡령죄의 신임관계는 통상적으로는 사무처리자나 보관자인 이사의 이득만으로는 파괴되지 않고, 이 이득을 가져온 행위로 말미암아 본인(회사)이 손해를 입게 되는 경우에 비로소 파괴된다고 볼 수 있다.[21] 바꿔 말해 회사에 손해를 가져 오

---

20 양동석·박진호, "경영판단원칙과 주주대표소송", *조선대 통일문제연구소* (2001), 148쪽; 이영봉, "경영판단법칙의 수용에 관한 검토", *상사법무* (제19권 제1호, 2000), 26쪽.

21 다만 본인에게 손해를 가하지 않고 이익을 취득하는 행위는 –만일 임무에 관하여 부정한 청탁을 받았다면– 배임수증재죄(제357조)의 불법을 구성할 수 있다는 점에서 그런 행위는 배임의 불법에 전혀 지향되지 않은 것이 아니라 불완전하게 지향된 것으로 볼 수 있다. 이 불완전한 불법에 대한 고의를 두고 불법이득의사나 불법영득의사를 인정하는 (배임죄에서 고의의 인식대상인 손해의 요건을 사실상 삭제한다는 의미에서) 유추적 확장해석을 할 수도 있고, 불법이득의사나 불법영득의사를 인정하지 않는 (배임죄의 불법에 근접한 불법의 실현을 외면한다는 점에서) 제한해석을 할 수도 있다. 하지만 유추적 확장해석은 배임죄의 법문언을 수정하는 법형성으로서

지 않는 이사의 자기거래가 '내용적' 공정성이 상실되었다고 보기 어렵다. 따라서 회사에 손해를 가져오지 않는 이사의 자기거래는 아직 충실의무 위반을 인정할 수 없고, 경영판단원칙의 적용도 배제되지 않는다. 물론 회사에 손해를 가져오지 않고, 자신이 이익을 취하는 이사의 자기거래에 대해 불법이득의사나 불법영득의사가 인정되지 않으려면 자기거래가 선의로 주의의무를 다하여 내린 합리적인 경영판단이어야 한다.

## 2. 상계충당과 불법영득의사

이사의 자기거래가 절차에 위반하였지만, 내용적 공정성을 상실하지 않음으로써 충실의무 위반을 인정하지 않고, 그 밖에 경영판단원칙의 적용요건이 충족되어 형법상 횡령고의를 탈락시킬 수 있는 대표적인 예로서 상계충당의 경우를 들 수 있다. 예를 들어 이사가 회사에 대해 갖고 있는 금전지급채권과 회사가 이사에 대하여 갖고 있는 금전지급채권이 상계적상에 있고, 이사가 상계의 일방행위를 하거나 회사와의 묵시적 계약에 따라 상계정산을 한 경우에는 충실의무에 위반되지 않는다. 이 경우에는 이사의 자기거래가 내용적 공정성을 유지했다고 보아야 하기 때문이다. 물론 선의의무와 선관주의의무를 다했을 것을 전제로 한다.

---

유추금지원칙에 위배된다.

### (1) 상계에 의한 불법영득의사의 탈락

상계충당은 경영판단원칙의 적용과는 상관없이, 즉 단지 충실의무의 위반을 배제시키기만 하는 것이 아니라 그 자체로서 "상계의 자유가 인정되는 범위 내에 있는 한, 횡령죄에 있어서의 불법영득의사를 인정할 수 없을 것이다."[22]라고 보기도 한다.

**【 사례 ⓔ 】**

乙은 甲에게 자신이 丙에게 빌려준 돈 1천만원을 받아 오라는 위임을 하였다. 甲은 乙을 대리하여 丙으로부터 1천만원을 수령하였다. 그런데 甲은 1천만원을 수령하기 직전 해외에 외유를 나간 乙이 丁에 대해 이전에 졌던 빚 1천100만원이 변제기일이 되고, 丁이 재촉하자, 乙을 대신하여 변제해주었다. 甲은 이후 丙에게서 받은 1천만원에 대한 乙의 반환채권과 자신이 제3자 변제를 함으로써 乙에 대해 갖게된 변제대금반환채권을 1천만원의 범위에서 상계를 한다고 乙에게 알렸다. 乙이 1천만원의 반환을 요구하였으나 甲은 이를 거절하였다.

상계가 민법상 일방행위인 상계(민법 제469조)에 해당하는 경우에 금전반환채권은 소멸하므로 횡령이나 반환거부에 해당할 수 없게 되고, 따라서 횡령고의(불법영득의사)도 인정될 수 없게 된다.

### (2) 상계충당과 가치총계이론의 법리

이에 비해 일방행위로서 상계를 할 수 있는 상태, 즉 상계적상이 없거나 상계금지의 특약이 있는 경우에 상계는 위법한 것이 된다. 이런 상계를 적법한 일방행위인 상계(相計)와 구분하여 '위법·무효인 상계충당'으로 개념화할 수 있다.

---

22 이주원, "횡령죄에 있어서의 상계충당과 불법영득의사의 존부", *안암법학* (제30호, 2009.9), 93쪽.

### 1) 상계정산의 특약 없는 상계충당과 불법영득의사

상계충당은 민법상 일방행위인 상계(민법 제469조)와 달리 횡령이나 반환거부의 객관적 요건에 해당하고, 아울러 불법영득의사를 배제시키지 못한다. 판례도 '상계정산하기로 하였다는 특별한 약정이 없는 한' 불법영득의사를 인정한다.

**【사례 ⓕ】**

암달러상 甲이 乙에게 1억원 상당의 엔화를 매도하면서 그 대금지급조로 약속어음과 수표를 받았다. 그러나 그 약속어음과 수표들은 부도처리되었고, 이로써 甲이 乙에 대해 1억 1천만원 상당의 대금채권을 갖게 되었다. 甲은 乙을 대리한 丙으로부터 1억원의 환전의뢰를 받았다. 그러나 무허가 환전상에 대한 당국의 단속이 심해져 甲은 乙, 丙과 계속적인 거래를 하기 어렵게 되었다. 甲은 丙으로부터 환전을 의뢰받은 1억원을 乙에 대한 채권에 상계충당하였고, 丙의 반환요구를 거절하였다. ① 판례는 "환전하여 달라는 부탁과 함께 교부받은 돈을 그 목적과 용도에 사용하지 않고 마음대로 피고인의 위탁자에 대한 채권에 상계충당함은, 상계정산하기로 하였다는 특별한 약정이 없는 한, 당초 위탁한 취지에 반하는 것으로서 횡령죄를 구성한다"[23]고 보고 있다.

판례가 말하는 "상계정산하기로 하였다는 특별한 약정이 없는 한" 또는 "당초의 금원위탁의 취지에 위반되는"[24] 그리고 "피고인이 피해자에 대하여 일부 딴 채권이 있었다 하여도 그 충당에 관한 권한위임이 없는 이상"[25] 등은 상계적상이 없는 상태이거나 당사자간의 (묵시적인) 상계금지의 특약이 있는 경우[26]를 가리킨다고 볼 수 있다.

---

23 대법원 1997.9.26. 선고 97도1520 판결.

24 대법원 1984.11.13. 선고 84도1199 판결.

25 대법원 1970.12.29. 선고 70도2387 판결.

26 "금전의 수수를 수반하는 사무처리를 위임받은 자가 그 행위에 기하여 위임자를 위하여 제3자로부터 수령한 금전은, 목적이나 용도를 한정하여 위탁된 금전과 마찬

### 2) 가치총계이론과의 비교

여기서 상계에 의한 불법영득의사의 배제 법리를 독일의 가치총계이론(Wertsummentheorie)[27]과 비교할 필요가 있다. 독일의 가치총계이론은 —민사법상 무효인 상계충당의 경우라도 신임관계는 파괴되지 않거나 단지 약하게 훼손될 수 있을 뿐이라는 민법과 형법의 구조적 차이를[28] 전제로 하여— 다음과 같은 횡령죄의 성립을 제한하는 법리를 인정한다.

㈎ **규범의 보호영역 밖에 있는 상계충당** 첫째, 상계충당이 민법상으로는 위법·무효일지라도 상계충당이 되는 범위 내에서 (독일에서는 가치총계의 범위 내에서) 타인의 재물은 횡령죄 규범의 보호영역(Schutzberiech der Norm) 밖에 있는 것으로 볼 수 있다. 다시 말해 민법상 위법·무효인 상계충당은 횡령죄 구성요건에 '해당'하기는 하지만 상계충당의 범위 내에서는 "횡령"이나 "반환거부"의 표지를 '충족'시키지 못한다는 것이다. 이 경우에는 횡령미수범(제359조)만 성립

---

가지로, 달리 특별한 사정이 없는 한 그 수령과 동시에 위임자의 소유에 속하고, 위임을 받은 자는 이를 위임자를 위하여 보관하는 관계에 있다고 보아야 하고, 금전의 수수를 수반하는 사무처리를 위임받은 자가 그 행위에 기하여 위임자를 위하여 제3자로부터 수령한 금전도 목적이나 용도를 한정하여 위탁된 금전의 경우와 마찬가지로 그 위임의 취지대로 사용하지 않고 마음대로 피고인의 위임자에 대한 채권에 상계충당함은, 상계정산하기로 하였다는 특별한 약정이 없는 한, 당초 위임한 취지에 반하는 것으로서 횡령죄를 구성한다."(대법원 2005.8.19. 선고 2005도3681 판결)

27 장물죄의 대체장물에서 현금의 물리적 동일성이 상실에도 불구하고 장물성을 인정하는 판례(대판 98도2269), "자기앞수표도 그 액면금을 즉시 지급받을 수 있는 등 현금에 대신하는 기능을 가지고 거래상 현금과 동일하게 취급되고 있는 점에서 금전의 경우와 동일하게 보아야 한다."(대판 98도2579) 이런 입장을 독일에서는 가치총계이론(Wert－summentheorie)라고 부른다.

28 "금전에 관한 동적 안전을 보호하기 위하여 점유와 소유의 일치원칙에 입각하고 있는 민사법의 영역과는 달리, 위임자와 수임자 사이의 내부적 신임관계에 기초한 자유처분의 금지라는 정적 안전을 보호할 필요가 있는 횡령죄의 해석에 있어서는 이를 그대로 적용하는 것이 타당하지 않을 수 있다"고 보는 이주원, 앞의 논문, 88쪽도 비슷한 맥락에 있다.

할 수 있다.[29]

㈏ **금지착오의 이유로서 상계충당** 둘째, 상계충당을 하는 보관자는 상계충당의 범위 내에서 자신의 상계충당행위가 횡령에 해당하지 않는다는 금지의 착오(제16조)를 하고 있기 쉽다. 이 착오는 정당한 이유에 따라 책임이 경감 또는 면책될 수 있다.

㈐ **추정적 승낙의 사유로서 상계충당** 셋째, 상계충당을 하는 보관자는 추정적 승낙이 인정될 여지가 있다. 다만 추정적 승낙은 상계금지특약이 있었던 경우에는 인정될 수 없고, 상계적상이 없었던 경우에만 인정할 여지가 있다. 이 경우에 보관자는 추정적 승낙의사에 대한 신중하고 성실한 심사('양심적 정밀심사')를 하였는지가 핵심적인 요건이 된다.

### (3) 가치총계이론의 수용을 대신하는 경영판단원칙의 적용

독일의 가치총계이론은 민법과 형법의 불법이 갖는 구조적인 차이를 정확하게 인식하고 그 차이를 횡령죄의 해석에 반영한 이론이다. 이 이론이 횡령죄의 불법을 정확하게 파악한다는 점에서 우리나라의 횡령죄 해석과 적용에서도 가치총계이론을 수용하는 것이 필요하고 정당하다. 그러나 가치총계이론을 수용하지 않는다고 할지라도, 그 이론이 갖는 기능과 비슷한 기능이 경영상 횡령에 대하여 경영판단원칙을 적용함으로써 발휘될 수 있다.

29 횡령미수범만 성립하게 되면 특정경제범죄 가중처벌 등에 관한 법률상의 횡령죄(제3조)는 적용할 수 없게 되는 부수효과도 발생하게 된다.

【 사례 ⑨ 】

법정관리 하에 있던 S 주식회사 B 지사 지사장 甲은 법정관리 하에서 허용되는 영업활동비만으로는 정상적으로 영업하기가 어렵다는 판단 아래 비자금을 조성하였다. 본사는 이러한 비자금 조성 및 사용에 관해 통지를 받거나 예산을 미리 책정하는 등의 방법으로 관리하였다. 甲은 자신의 증권계좌에 입금된 비자금을 선박회사 등에 지급하여야 할 리베이트, B 지사 및 본사의 영업활동비와 조직운영비 등으로 사용하였다. 이 과정에서 甲의 비자금계좌에 입금된 금액보다 많은 금액이 다른 비자금관리계좌로 출금되었으며, 甲은 자신의 개인자금을 회사를 위하여 지출한 후 이를 비자금으로 보전받기도 하였다. ① 대법원은 비자금으로 뇌물공여를 하거나[30] 배임증재를 한 경우[31]에는 "오로지 회사의 이익을 도모할 목적이라기보다는" 뇌물공여 상대방의 이익이나 배임증재의 상대방의 이익을 도모할 목적이나 기타 다른 목적으로 행하여진 것이라고 보아, 불법영득의사를 인정한다. ② 그러나 甲이 비자금을 지출한 용도가 회사를 위한 경우로 인정되는 범위 내에서는 불법영득의사를 인정할 수 없다. 또한 甲이 먼저 개인자금으로 지출하고 비자금으로 보전받은 부분에 대해서 원심법원(서울고등법원)은 불법영득의사를 인정하지 않은 바 있다.[32] 이것은 가치총계이론을 적용한 것과 같은 결론이며, 그 한에서 서울고등법원은 가치총계이론을 사실상 수용한 판결을 내린 바가 있다고 말할 수 있다.

## 3. 부외자금의 상계충당과 경영판단원칙

경영상 횡령영역에 경영판단원칙을 적용할 수 있는 상계충당의 경우를 살펴보자. 민법상 무효인 상계충당에 대해 경영판단원칙을 적용할 수 있으려면,

30 대법원 2005.5.26. 선고 2003도5519 판결; 대법원 2005.10.28. 선고 2003다69638 판결.

31 대법원 2013.4.25. 선고 2011도9238 판결.

32 서울고법 2011.7.1. 선고 2010노3069 판결.

- 첫째, 상계정산금지의 명시적인 특약이 없어야 한다.
- 둘째, 이사는 상계충당이 이사 자신에게 뿐만 아니라 회사에게도 새로운 이익을 가져다준다는 점에 대해 합리적 판단을 내리고 그것에 대한 믿음(선의)을 갖고 있어야 한다.

물론 이것은 횡령죄에 대해서도 경영판단원칙이 확장 적용될 수 있다는 점, 상계충당 그 자체는 절차적 공정성이 아니라 '내용적 공정성'으로 이해되는 충실의무에 위반되지 않는다는 점을 전제로 한다. 경영상 횡령영역에 경영판단원칙이 적용되는 대표적인 사례로서 부외자금을 대표이사의 회사에 대한 채권과 상계(충당)한 경우를 들 수 있다.

**【사례 ⓗ】**

H ㈜의 대표이사 甲은 H ㈜에서 2010년도에 분식회계를 통해 50억원의 부외자금을 조성하게 하였다. 甲은 이 자금 중 30억원을 회사의 통상적인 경비로 사용하였다. 또한 甲은 H ㈜의 핵심경영진들인 乙, 丙, 丁, 戊에게 그간의 성과에 대한 보상이자, 향후 회사발전을 위한 지속적 기여를 유인하기 위한 특별인센티브로 각각 5억원을 지급할 필요가 있다고 판단했다. 甲은 이들의 명의로 등기해 놓은 자기 소유의 차명주식 2만주(당시 주당 10만원)를 그 특별인센티브 명목으로 지급하고, 부외자금 20억원을 그 지급에 대한 대가로 자신이 개인적으로 사용하였다. 이후 그 주식은 주가가 계속 상승하여 2014년 현재 15만원에 이르렀다.

### (1) 회사에 대한 채권과 부외자금 반환채권의 상계

회사의 대표이사는 부외자금의 보관자로서 회사를 위해 사용하지 않는 한 위탁자(회사)에 반환하는 내용의 채무를 진다. 이 현금반환채무는 회사가 갖는 부외자금(현금) 반환채권에 대응하는 것이다. 반면에 대표이사가 회사가 임원에 대해 지는 특별인센티브 지급의 채무를 제3자로서(민법 제469조) 대물변제(민법 제466조)한 경우에는 그 특별인센티브 지급금의 반환채권(현금지급채권)을 갖게 된다. 이 경우 대표이사가 일방행위로서 상계를 하였다고 본다면, 불법영득의사가 처음부터 탈락하여 횡령미수범도 되지 않는다.

### (2) 부외자금 상계충당과 경영판단원칙의 적용

둘째, 주식에 의한 대물변제가 임원들의 의사에 실질적으로 반하여 한 것이라면 무효이므로 대표이사의 상계는 위법한 상계충당이 된다. 하지만 이때에도 경영판단원칙의 적용이 검토될 수 있다.

1) 신임의무 위반여부

첫째, 상계충당에 해당하는 대표이사의 부외자금 사용은 회사에 실질적으로 손해를 끼친 경우가 아닌 한 충실의무에 위반되지 않는다. 상계충당은 비록 이사의 자기거래에 해당하지만 선의의무에 포함되는 준법의무로서 자기거래금지는 '내용적 공정성이 없는 때', 즉 회사에 실질적인 손해를 끼친 경우로 국한되어야 하기 때문이다. 둘째, 또한 차명주식을 사실상 현금화하는 개인적 이익을 얻었지만, 동시에 회사로서는 부외자금을 회사를 위해 사용하게 하고, 더 나아가 인센티브 지급비용을 사실상 감소시키는 이익을 가져다준다는 점(윈-윈 의사)에서 선의의무에도 위반되지 않는다. 셋째, 만일 그 임원들이 회사의 발전에 계속 기여할 것이라는 점에 대한 판단이 합리적인 것이었다면 경영판단원칙의 다른 요건인 선관주의의무도 위반했다고 볼 수 없다.

이러한 세 가지 요건을 충족한다면 사례 ⓗ의 대표이사가 한 상계충당은 (민법상 무효일지라도) 경영판단원칙에 의해 불법영득의사를 배제시킨다고 볼 수 있다. 물론 부외자금을 조성한 위법한 경영행위 부분은 분식회계죄로 처벌될 수 있다.

2) 상계정산금지특약의 존부와 반사회질서행위 여부

이러한 경영판단원칙의 적용에서 두 가지 점이 문제로 남는다. 첫째, 이 경우에 회사와 대표이사 사이에 상계정산을 금지하는 특약이 있었는지가 문제이다. 대표이사는 회사의 의사를 형성하는 기관이므로 동일인이 판례가 말하는 '상계정산금지특약'이 있었다고 보기는 어렵다. 둘째, 부외자금의 사용이라는 점 때문에 상계충당이 반사회질서를 내용으로 하는 법률행위(민법 제103조)가 될 가능성이다. 그러나 명백한 불법영득의사 없는 부외자금의 조성과 회사를 위한 부외자금의 사용을 횡령죄의 보호영역에서 제외시킨 판례의 입장에서 보면 사례 ⓗ에서와 같은 상계충당이 설령 민법상 무효라고는 볼지라도 그 대표이사에게 불법영득의사를 인정하는 것은 부정합적인(incoherent) 판결이 된다.

# Ⅲ. 선관주의의무와 합리적 경영판단

## 1. 경영판단의 합리성을 위한 주의의무의 내용

이사가 경영판단을 할 때 회사의 재산을 보존 및 증식하는 임무(적극적 재산관리의무)를 이행하기 위해 필요한 주의의무를 다해야 한다.[33]

---

33 **[주의의무 위반과 경영판단원칙의 적용에 관한 논문]** ① 김희철, "이사의 선관주의의무 및 충실의무, 경영판단의 원칙간의 관계 정리", *고시계* (제58권 제11호, 2013),

### (1) 경영판단원칙의 적용요건사실로서 선관주의

주의의무는 신임관계의 기초이며, 횡령죄의 보관의무나 배임죄의 사무처리의무의 위배여부를 판단하는 데 불가결한 요소이다. 불가결한 요소라는 것은 주의의무의 위반이 배임고의 또는 임무위배행위로서 재산관리의무 위반을 추론하게 하는 가장 중요한 간접사실이 됨을 뜻한다. 이 간접사실은 경영판단원칙의 적용요건을 구성하는 사실이 된다.

상법상 이사는 민법상 수임인이 부담하는 "선량한 관리자의 주의로써 위임사무를 처리하여야"(민법 제681조) 하는 주의의무를 부담한다(상법 제382조 제2항의 준용). 따라서 이사는 경영결정을 할 때 자신의 경영판단이 회사의 재산을 보존 및 증식하게 하는 것인지에 대한 예측을 하여야 하고, 이 예측판단을 함에 있어 선량한 관리자의 주

---

153~166쪽. ② 정경영, "이사의 주의의무위반과 경영판단의 원칙", *상법판례백선* (법문사, 2012), 527~532쪽. ③ 장철익, "금융기관 이사의 주의의무와 경영판단 원칙", *민사판례연구* (제33-1권, 2011.2), 785~834쪽. ④ 김효신, "경영판단원칙과 선관주의의무의 재정립", *중앙법학* (제13집 제4호, 2011), 449~476쪽. ⑤ 김은정, *이사의 신인의무와 경영판단의 원칙에 관한 연구: 미국 판례와 법제를 중심으로* (성균관대학교 대학원 박사학위논문, 2010). ⑥ 강병열, "이사의 주의의무위반책임과 경영판단의 원칙: 우리 법원의 수용태도를 중심으로", *대청법학* (제2호, 2009.1), 249~270쪽. ⑦ 김재범, "대출결정시 금융기관 이사의 주의의무와 경영판단의 원칙", *상사판례연구* (제21집 제1권, 2008.3), 3~36쪽. ⑧ 하리민, "이사의 주의의무와 경영판단규칙과의 관계 시론: 미국법 시각에서", *영산법률논총* (제3권 제2호, 2006.12), 61~86쪽. ⑨ 김용재, "은행이사의 선관주의의무와 경영판단의 법칙", *상사판례연구* VI권 (박영사, 2006.3), 63~82쪽. ⑩ 김건식, "은행이사의 선관주의의무와 경영판단 원칙", *민사판례연구* (제26권, 2004.2), 404~431쪽. ⑪ 양동석, "미국법상 이사의 주의의무와 경영판단의 원칙", *고시계* (제48권 제7호, 2003.7), 51~61쪽. ⑫ 천재정, *이사의 주의의무와 경영판단의 원칙에 관한 연구* (부산대학교 대학원 석사학위논문, 2003) ⑬ 정봉진, "이사의 주의의무와 경영판단의 법칙간의 관계에 관한 미국법 고찰", *상사법연구* (제21권 제2호, 2002.8), 331~366쪽. ⑭ 이원석, *이사의 주의의무와 경영판단의 원칙* (고려대학교 대학원 석사학위논문, 2001).

의를 다하여야 한다.

### (2) 전문경영인의 평균적 능력

이때 선량한 관리자의 주의는 해당 경영영역의 평균적 전문인의 능력을 기준으로 정한다. 이처럼 전문경영인의 평균적 능력을 기준으로 경영판단의 합리성을 평가하고, 이 평가의 결과를 배임고의의 귀속여부를 정할 때 또는 어떤 경영행위가 임무위배, 즉 적극적 재산관리의무의 위반에 해당하는지를 정할 때 가장 중요한 간접사실로 사용하는 것이다. 전문경영인의 평균적 능력이라는 객관적 기준으로 배임죄의 객관적 구성요건(임무위배행위)에 해당여부를 정하는 것은 당연하지만, 배임죄의 주관적 구성요건(불법이득의사)을 판단하는 기준이 되는 경영영역에서 배임고의는 인수책임(Übernahmeverschulden)의 한 형태임을 말해준다.

다만 행위자가 전문경영인의 평균적 능력을 갖추지 못하여 경영판단을 불합리하게 했지만, 합리적인 판단을 위해 진지하고 성실하게 노력한 경우[34]에 배임고의는 인정되지만 배임죄의 '책임'고의는

---

34 이를 경영판단의 합리성에 대한 '진정성'(truthfullness)이라고 개념화하는 홍가혜, *배임죄 해석에서 경영 합리성의 고려* (고려대학교 대학원 박사학위논문, 2014), 137쪽 참조. 다만 이 논문에서는 진정성을 (행위반가치로서) 배임고의를 탈락시키는 것으로 주장되고 있다. 또한 이 논문에 의하면 임무위배를 판단할 때에는 진정성은 고려되지 않고 전문성만 고려된다고 한다(동 논문, 79쪽). 그러나 전문성은 임무위배의 판단이든 배임고의의 판단이든 간접사실을 이루는 경영판단의 합리성 여부라는 사실을 추론하는 간접사실로서 기능할 뿐이다. 또한 진정성이 있다고 하여 배임고의를 배제하고, 따라서 배임미수범의 성립가능성도 부정하게 되면, 전문성이 있는 경영판단이라고 하여 임무위배사실을 부정하는 경우에 (물론 배임고의는 있다고 전제할 때) 배임미수범이 성립할 여지가 남는 것을 고려할 때 문제가 있다. 왜냐하면 진정성의 요건충족이 전문성의 요건충족보다 더 쉬울 수 있고, 그처럼 더 쉬운 요건사실로 미수범의 성립가능성이 처음부터 배제되는 것은 합리적이지 못하기 때문이다.

탈락할 수 있다. 책임고의는 행위반가치(Handlungsunwert)가 아니라 심정반가치(Gesinnungsunwert)로서의 불법이득의사를 말한다. 즉, 합리적 경영판단을 하기 위해 진지하고 성실한 노력을 한 이사에게는 행위반가치로서 불법이득의사는 인정할 수 있어도, 심정반가치로서의 불법이득의사는 인정할 수 없다. 이런 경우에 이사의 책임은 감소한다. 심정반가치로서 불법이득의사가 없었던 이사에게는 그 점을 이유로 법률상 감경사유(제55조)를 인정할 수 있다.

### (3) 합리적 경영판단의 세 가지 단계

이사가 평균적 전문경영인의 능력으로 다해야 하는 주의의무는 다음 세 가지 차원에 걸쳐 있다.

- 판단정보수집의 합리성 판단의 기초가 되는 정보를 충분히 수집하여야 한다.
- 판단절차의 합리성 판단의 절차가 합리적이어야 한다.
- 판단의 가치합리성 판단은 회사에 최선의 이익이 되는 바를 지향하여야 한다.

#### 1) 판단정보수집의 합리성

경영판단이 합리적이기 위해서는 그 판단의 기초가 되는 정보를 충분히 수집하여야 한다. 불충분한 정보를 기초로 하는 판단이 합리적일 수는 없기 때문이다.

**【사례 ①】**

J 은행장 甲은 K 건설 ㈜에 200억원을 대출을 함에 있어 K 건설의 재무상태, 다른 금융기관에 대한 차입금 등의 채무를 포함한 전반적인 금융거래상황, 대출

금의 용도, 사용기간 및 상환능력이나 제공된 담보의 가치를 평가하여 대출 적격 여부를 제대로 심사하지도 아니하였고, 이와 관련하여 J 은행의 당시 여신규정도 위반하였다. 하지만 甲은 J 은행의 수익구조가 계속 악화되고 있는 상황에서 이자 수익을 증대시키는 것이 필요했고, 이를 위해 다소 무리한 대출을 감행한 것이었다.

(가) **진정성 있는 경영판단과 합리적 경영판단의 구분** 은행의 수익구조는 수신뿐만 아니라 여신(與信)이 부족해도 악화되므로, '적극적 재산관리의무'를 다하기 위해 대출을 적극적으로 활성화하였고, 그 대출이 비록 부실화 위험이 있어도 개연적으로는 대출수익의 증대에 기여할 것으로 믿고 대출을 하는 행위는 은행장의 '진정성'(authenticity) 있는 경영판단이다. 이런 경우 심정반가치로서 배임고의를 인정하기 어렵다.

그러나 경영판단원칙에서 선관주의는 평균적 전문인의 능력을 기준으로 그 준수여부를 정해야 하고, 사례 ⓘ처럼 대출적격심사를 하지 않았다면, 대출이라는 경영판단의 기초가 되는 정보수집을 충분히 하지 않은 것이고, 또한 여신규정은 대출의 합리성을 실현하기 위한 절차적 규정이므로, 이 규정의 위반은 경영과정의 합리성도 탈락시킨다. 이로써 선관주의의무의 위반이 인정되며, 경영판단원칙은 적용될 수 없게 된다. 따라서 이런 경우에 행위반가치로서 배임고의(불법이득의사)는 인정된다. 이런 경우를 두고 대법원은 "이러한 임무위배행위로 제3자로 하여금 재산상 이득을 취득하게 하고 금융기관에 손해를 가한다는 인식과 의사가 없었다고 볼 수 없다"[35]고 판시하고 있다.

(나) **대표적인 정보수집의 방법과 형태** 경영판단을 위한 정보수집의

35 대법원 2008.5.29. 선고 2006도7487 판결. 다만 이 판결에서는 경영판단원칙의 적용을 배제하는 이유에 대한 논증을 하고 있는 것은 아니다.

합리성은 첫째, 외부의 전문가 의견을 활용함으로써 확보될 수 있다. 이를테면 회계법인 등의 외부전문가들의 컨설팅을 참조함으로써 확보될 수 있다. 예컨대 M&A를 할 때에는 가령 2개 이상의 회계법인이 실사(due diligence)를 하고, 피인수기업의 잠재적 가치를 예측[36]하는 정보를 수집하는 것이 필요하다. 하지만 이런 정보의 수집은 선관주의의무의 준수사실을 추론케 하는 매우 중요한 간접사실이 된다는 것이지, 이런 정보의 수집이 없다고 해서 선관주의의무의 위반이 곧바로 인정되는 것은 아니다. 컨설팅은 시장현실에서 의뢰기관에게 유리하게 작성되는 유착의 부패 속에 있을 수 있다는 점에서 더욱 그러하다.[37]

둘째, 경영판단의 기초로 삼기 위해 수집한 정보는 경영학적인 전문지식의 형태를 띨수록 선관주의의무를 준수하였다고 볼 수 있다. 예컨대 기업에 대출을 할 때에는 그 대출액과 기간을 정함에 있어 현금흐름할인법(DCF: Discount Cash Flow)[38]에 의해 대출기간에 그 기업이 창출하는 순현금흐름의 양을 예측하는 것이다. 그 밖의 유사기업분석법(comparable company analysis)도 전문지식의 형태를 띤 경영판단의 기초정보가 될 수 있다.[39]

36 이런 잠재력 예측정보가 M&A에서 필요한 판단정보임을 강조하는 조지베이커·조지 데이빗 스미스 (손원길 외 2인 옮김), *LBO, M&A, 사모펀드의 선도자 KKR 스토리*, 새로운 제안 (2009), 109쪽 아래 참조.

37 이런 점에서 미국 Delaware 주 대법원도 제3의 독립적이고 전문적인 기관의 정보수집이 충분한 정보에 기초한 경영판단으로 보기 위한 필수조건은 아니라고 판시한 바 있다. 자세히는 Smith v. Van Gorkom 488 A.2d, 858쪽 참조.

38 이에 관해 자세히는 이상돈, *경영과 형법* (법문사, 2011), 350~351쪽.

39 유사기업분석법에 관해서 자세히는 이를 도산절차에 적용한 윤남근, "도산절차에 있어서 재산 및 기업가치의 평가", *고려법학* (제56호, 2010), 638쪽 참조.

### 2) 판단절차의 합리성

판단의 합리성은 판단의 과정과 절차가 합리적일 때 확보될 수 있다. 이를 경영판단의 절차적 합리성이라고 할 수 있다. 여기서 선관주의의무는 경영판단의 절차적 합리성을 실현할 의무를 가리키게 된다. 이 의무는 경영판단의 합리성을 실현하는 경영내부의 절차(예: 은행의 대출규정, 영업지침, 심사규칙 등)를 준수할 의무를 말한다. 이에 비해 경영판단의 합리성을 구성하는 절차적 법령의 준수는 선의의무의 요건일 뿐이다. 하지만 이러한 경영내부의 절차규정들은 언제든지 변경할 수 있는 것이라는 점에서 내부규정 위반만으로 곧바로 경영판단의 합리성이 탈락하는 것은 아니다. 경영내부의 절차규정들이 갖는 중요성 정도 또는 다른 요소들(충분한 정보수집 여부, 경영판단의 가치성)과의 비교형량을 통해 경영판단의 합리성에 미치는 영향을 평가하여 선관주의의무 위반여부를 정하여야 한다.

**【 사례 ⓙ 】**

D 보증보험 대표이사 甲은 D 개발의 대표 乙이 연대보증한 H 산업 등의 기술개발융자금에 대한 지급보증을 하게 하였다. 그러나 D 개발과 H 산업이 부도처리됨으로써 D 보증보험은 지급보증액 상당의 손해를 입었다. 이 과정에서 甲은 영업지침을 위배하였지만, D 개발이 중국 흑룡강성의 삼강평원에 한국 최초의 대규모 해외농업개발 추진하고 있었고, 乙이 정재계에 영향력 있는 인물이었으며, 중국과의 수교를 계기로 위 개발계획이 언론에 유명세를 타는 등 사업전망이 있다고 판단하였다. 또한 D 개발의 연대보증하에 지급보증하는 것에 실무자들도 반대하지 않았고, 甲이 개인적 이익을 얻은 것도 아니었다. 판례는 "문제된 경영상의 판단에 이르게 된 경위와 동기, 판단대상인 사업의 내용, 기업이 처한 경제적 상황, 손실발생의 개연성과 이익획득의 개연성 등 제반 사정에 비추어 자기 또는 제3자가 재산상 이익을 취득한다는 인식과 본인에게 손해를 가한다는 인식(미필적 인식

을 포함)하의 의도적 행위임이 인정되는 경우"[40]가 아니라고 보았다.

사례 ⓙ에서 대표이사는 선의의무나 충실의무을 위반하지 않았고, 단지 선관주의의무에서 경영판단의 절차적 합리성을 다소 그르치고 있다. 그럼에도 불구하고 경영판단의 기초가 된 정보의 수집과 고려, 경영판단의 가치에서 합리성을 잃은 것은 아니어서 대법원은 선관주의의무 위반도 인정하지 않고 있다. 이것은 대표이사가 위반한 내부지침의 준수여부가 선관주의의 결정적인 요소가 아님을 보여준다.

### 3) 판단의 가치합리성

경영판단을 할 때 기초가 되는 정보를 충분히 수집하고, 경영판단의 절차를 준수하더라도 이사에게는 선택의 재량이 남는다.

**(가) 가치심사의 자제** 예컨대 일정한 자본으로 M&A를 할지 아니면, 아니면 R&D에 투자하고 신기술을 개발하여 새로운 사업을 할지를 선택하는 것은 (대표)이사의 재량으로 남는 것이다. 이때 경영판단 자체의 합리성에서 선관주의는 회사에 최선의 이익이 되는 방향으로 자신의 선택을 지향시킬 의무가 된다. 회사에 최선의 이익이 되는 것을 '가치'라고 개념화하면, 이러한 선관주의는 경영판단의 가치합리성을 실현하는 것이라고 말할 수 있다. 이처럼 가치합리성을 실현하는 선관주의의무의 위반여부는 객관적으로 심사하기 어렵다. 그렇기 때문에 "법관은 경영결정의 실질적 가치에 대한 심사(reviewing the substantive merits of business decision)를 자제해야 한다."[41] 다시

---

40 대법원 2004.7.22. 선고 2002도4229 판결.

41 Stephen M Bainbridge, "The Business Judgement Rule as Abstention Doctrine", *Vanderbilt Law Review* (Vol. 57, 2004), 114쪽 참조; 같은 취지로 "경영판단의 내용에 대한 실질적 심사를 통한 주의의무를 위반 여부를 심사하려는 것은 지양해야 할 것"으로 보는 문정해, "미국의 최근 판결동향에 따른 경영판단원칙의 수용가능성 검토: 경영판단원칙의 개념에 관한 사법심사의 접근방식을 중심으로", *상사법연구*

말해 이사의 경영판단에 대하여 법원은 2차적 심사(second guess)를 자제하여야 한다. 이런 사고는 미국법상 사법자제의 원칙(rule of judicial restraint)에서 비롯된다고 보인다.[42]

(나) **가치선택의 명백한 하자**　그러나 우리나라 법에서는 그런 사법자제원칙이 지배하지도 않는다. 경영결정에서 행한 이사의 가치결정은 법원의 심사 범위를 원칙적으로 벗어난다는 것[43]이 아니라 원칙적으로 심사 범위 안에 있다.[44] 다만 이사의 가치결정이 회사에 최선의 이익이 되는 방향으로 하지 않는 것이 사례 ⓚ에서 보듯이 예외적으로 중대하고 명백한 경우가 아닌 한, 선관주의의무의 위반을 인정하지 않는 것이 경영합리성과 소통하는 법의 정의로움이 된다.

**【 사례 ⓚ 】**

S 그룹회장 甲은 계열사이며 비상장회사인 SE ㈜의 이사들로 하여금 100억원의 무기명식 이권부 무보증전환사채를 낮은 이율(표면이율 1% 만기보장수익률 연 5%)로 발행하게 하고, 기존의 주주들인 S 그룹의 다른 계열사 SS ㈜와 SJ ㈜ 등에게 우선 배정하게 하고, 실권 시 제3자에게 배정하기로 하였다. 전환가액은 주식의 액면가보다는 높지만, 당시 주식가치인 약 1만5천원보다 현저히 낮은 1 주당 8천원으로 정하였다. 甲의 그룹지배력 아래 있던 기존의 주주들은 실권하였고, SE ㈜의 이사회는 실권한 전환사채 전부를 제3자인 甲의 아들 乙에게 배정하였고,

---

(제27권 제4호, 2009), 32쪽 참조.

42 이런 견해로 원동욱, "경영판단 원칙의 최근 동향과 향후 전망: 미국의 사례를 중심으로", *상사법연구* (제29권 제3호, 2010), 117쪽.

43 이런 견해로 석종현, "경영판단에 대한 사법적 심사의 한계", *토지공법연구* (제15집, 2002), 491~492쪽.

44 이와 비슷하게 일본도 경영판단원칙을 법제화 하지 않았지만, 법원은 점차 그 취지를 고려하는 경향을 보이는데 다만 미국과 달리 법원은 이사의 주의의무 위반여부를 심사하되, 그 안에서 이사의 경영판단을 존중하는 모습을 보인다고 한다. 일본 판례의 경영판단원칙 수용에 관해 자세히는 박정국, "경영판단의 원칙에 관한 일본 판례의 검토", *홍익법학* (제14권 제4호, 2013), 539~568쪽 참조.

전환가액은 주주들에게 제시한 가액과 동일하게 하였다. 乙은 배정된 전환사채 전량을 인수하였고, 인수청약 및 인수대금 납입하였다. 그 후 乙은 전환권을 행사하여 SE ㈜의 제1의 대주주가 되었다. 다만 이 당시 상법은 전환사채를 제3자에게 발행하는 경우에 주주총회의 특별결의를 거쳐야 한다는 명문규정을 갖고 있지 않았다. 또한 당시 S 그룹의 명성과 SE ㈜의 재무구조 및 발전가능성 등을 고려할 때 비상장회사임에도 불구하고 전환사채를 시가에 근접한 가액으로 인수할 사람은 적지 않았던 것으로 판단된다.

사례 ⓚ에서 전환사채 인수대금의 납입으로 회사의 자본은 증가하였고, 손해를 입은 바 없으며, 단지 주주들의 지분율에 변화가 생겼을 뿐이다. 명백한 법위반도 없다. 판례[45]는 제3자에게 전환사채를 배정하면서 주주배정과 동일한 조건으로 부과한 것도 위법하지 않다고 본다. 이런 판단을 전제한다면 선의의무의 위반을 인정하기가 매우 어렵다.[46] 그러나 선관주의의무의 위반은 인정될 수 있다. 또 다른 제3자에게 배정하거나 더 높은 전환가액으로 배정할 수도 있는 상황에서 이사는 회사에 '최선의 이익'을 가져다주는 결정, 즉 인수대금의 총량을 최대화하는 결정을 해야 하기 때문이다. 손쉽게 더 많은 이익을 회사에 가져다줄 수 있음에도 이를 하지 않고 제3자에게 저가로 발행하는 행위는 중대하고 명백한 (경영판단의) 재량권 남용(gross and palpable overreaching)으로서 선관주의의무에 위반한 행위가 된다. 따라서 사례 ⓚ에는 선관주의의무의 위반으로 경영판단원칙이 적용되지 않으며, 더 많은 자본증가를 할 수 있었음에도 하지

45 대법원 2009.5.29. 선고 2007도4949 판결.

46 이러한 제3자배정은 "이사회에 주어진 실권부분의 제3자배정 권한 범위와 한계를 초과하여 주식회사의 본질과 회사법의 기본원칙에 반하는 내용"으로 보는 성민섭, "전환사채의 저가발행에 대한 이사의 형사책임", *숙명여자대학교 법학논총* (제23권, 제2호, 2009), 420쪽 아래 및 438쪽 참조.

않은 전환사채발행은 (적극적) 재산관리의무에 위반한 것이고, 제3자를 위한 불법이득의 의사도 이사에게 인정될 수 있다.[47]

4) 경영판단의 세 가지 합리성 요소의 형량적 결정

선관주의의무의 준수는 이상에서 설명한 경영판단의 세 가지 합리성 요소를 모두 충족한 경우에만 인정되는 것은 아니다. 첫째, 세 가지 요소 가운데 어떤 요소는 충족되고, 다른 요소는 충족되지 않는 경우에도 그 요소들의 중요성에 대한 형량적 평가를 통해 선관주의의무의 위반여부를 판단할 수 있다. 둘째, 경영판단의 절차적 합리성은 다른 두 요소에 비해 상대적으로 비중이 적다고 볼 수 있다. 셋째, 이 비교형량의 방법에 관한 메타규칙(Metaregeln)은 존재하지 않는다. 사례 ①에 대한 판례는 이와 같은 상반된 합리성 요소의 비교형량적 결정을 보여준다.

**【사례 ①】**

S (주)는 대표이사 甲의 판단에 따라 안정적인 수익 유지를 위해서 신규사업에 진출하는 것이 필요하다는 판단으로 부실기업이지만 기술력, 지명도, 브랜드가치 등이 있다는 점에서 컴퓨터관련 회사인 K (주)를 인수하였다. 또한 인수할 당시에 향후 K (주)의 원활한 운영을 위한 유상증자에도 참여하는 것이 필요하다는 판단도 있었다. 甲은 이후 K (주)의 유상증자에 참여하여 신주 140만주를 주당 2500원, 총 35억원에 매입하였다. 이 과정에서 K (주)에게 사업계획서 등의 자료제출을 요청한 바 있었고, K (주)가 사업계획서 및 유가증권발행계획서를 작성하는 과정에서 여러 차례 협의도 하였다. 하지만 당시 신주의 적정가는 1300원으로 평가되기도 하였고, 당시 인수가 산정은 통상적인 거래관행을 따르지 않은 것이었다. 하지만 35억원의 유상증자로 확보된 자금을 K (주)는 기존의 채무변제나 대금결제에 지출

47 이 사안에 대한 자세한 검토로 이상돈, "전환사채의 저가발행을 통한 경영권 승계의 배임성", *형사정책연구* (통권 제90호, 2012.6), 5~40쪽.

함으로써 경영이 정상화될 수 있었다. 또한 35억원은 S ㈜의 매출액 및 순이익 규모에 비추어 재정적 부담이 크지 않은 것이었다. 그리고 甲의 유상증자 참여결정은 이사회의 적법한 결의를 거쳐 이루어졌다. ① 판례는 甲에게 경영상 판단을 이유로 임무위배나 고의를 모두 인정하지 않았다.[48] ② 이 사례에서 甲의 고의는 인수합병이 가져다줄 이익보다 유상증자 인수상의 손해(1,200 [=2,500-1,300] × 1,400,000 = 16억 8천만원)가 더 클 가능성이 없는 것은 아니라는 점에서는 미필적 배임고의(불법이득의사)가 인정될 수 있다. 하지만 경영판단원칙이 적용됨으로써 의도적 배임고의(불법이득의사)는 인정되기 어려우며, 경영영역에서 이사의 배임죄는 미필적 배임고의만으로 충분하지 않다는 점에서 배임죄가 성립하지 않게 되는 것이다.

사례 ①에서 경영판단에 필요한 정보의 수집이 합리성이 없었던 반면, 다소 비싼 금액의 유상증자참여는 그 피인수기업의 재무구조에 긍정적인 영향을 줌으로써 경영정상화를 촉진시키는 결정일 수 있었다. 이 상반된 두 요소의 비교형량을 통해 유상증자참여는 가치 있는 결정이라고 볼 수 있고, 그렇다면 경영판단의 가치합리성이 있었다고 볼 수 있다. 이와 같은 방식으로 상반된 두 요소의 비교형량을 통해 선관주의의무는 준수된 것으로 볼 수 있다. 따라서 사례 ①은 경영판단원칙을 적용하여 배임고의와 임무위배행위를 인정하지 않을 수 있는 것이다.

## 2. 선관주의의무로서 일반적 법령의 준수

경영판단의 합리성을 보장하는 절차법규의 준수는 선의의무의 내용을 구성하고, 경영판단의 합리성을 보장하는 법규가 아닌 일반적

48 대법원 2010.1.14. 선고 2007도10415 판결.

인 법령의 준수는 ―준법경영시대가 현실화될 때에 가서야 비로소 ― 선관주의의무의 내용이 될 수 있다.

### (1) 사법상의 승인

경영판단의 합리성과 직접 관련이 없는 법령도 준수하지 않으면, '지속가능한 경영'이 불가능한 시대가 되면, 일체의 법령에 대한 준수는 이사가 회사의 선량한 관리자로서 해야 할 임무의 하나가 될 수 있다. 판례도 이사의 손해배상책임과 관련해서는 이미 그런 시대가 되었음을 명확하게 선언한 바 있다.

> "이사가 임무를 수행함에 있어서 법령을 위반한 행위를 한 때에는 그 행위 자체가 회사에 대하여 채무불이행에 해당하므로, 그로 인하여 회사에 손해가 발생한 이상 손해배상책임을 면할 수 없고, 위와 같은 법령을 위반한 행위에 대하여는 이사가 임무를 수행함에 있어서 선량한 관리자의 주의의무를 위반하여 임무해태로 인한 손해배상책임이 문제되는 경우에 고려될 수 있는 경영판단의 원칙은 적용될 여지가 없다. 다만, 여기서 법령을 위반한 행위라고 할 때 말하는 '법령'은 일반적인 의미에서의 법령, 즉 법률과 그 밖의 법규명령으로서의 대통령령, 총리령, 부령 등을 의미하는 것인바, 종합금융회사 업무운용지침, 외화자금거래취급요령, 외국환업무·외국환은행신설 및 대외환거래계약체결 인가공문, 외국환관리규정, 종합금융회사 내부의 심사관리규정 등은 이에 해당하지 않는다."[49]

판례가 각종 내부의 규정을 법령위반행위에서 법령의 개념에 포함하지 않았다고 해서 그런 내부규정들이 선관주의의무의 위반여부를 판단하는 데 고려되지 않는다는 것을 뜻하지는 않는다. 위에서

---

49 대법원 2006.11.9. 선고 2004다41651 판결.

보았듯이 경영판단의 합리적 과정도 선관주의의무의 한 내용이 되기 때문이다.

### (2) 형법상 승인조건의 미성취

일반적인 법령의 위반이 선관주의의무의 위반을 구성한다는 판례의 입장은 사법에서 타당한 것일 수도 있다. 물론 법령위반심사를 통해 선관주의의무의 위반여부를 심사하게 되면, 그것을 통해 법원은 추상적인 선관주의의무의 위반여부에 대한 심사에 드는 비용을 대폭 절감할 수 있다는 편의성이 중요해지는 문제점이 있다.[50] 이런 문제점에도 불구하고 사법상으로는 법령위반은 선관주의의무의 위반을 구성한다는 점을 인정할 수 있을지라도 형법에서도 마찬가지로 보아서는 안 된다. 왜냐하면 경영판단의 합리성 보장과 직접 관련이 없는 일반적인 법령을 위반하는 행위는 회사의 재산권을 보호하려는 배임죄의 보호영역(Schutzberiech der Norm) 밖에 있는 것이기 때문이다. 따라서 일반적인 법령의 위반이 그 기업에 대한 사회적 평판을 깎아내리고, 시장의 수요에 실제적인 영향을 끼쳐 구체적이고 실질적으로 기업의 수익 악화(회사 재산의 감소나 기대가능한 증가의 실패)로 이어지는 경우에 법령위반은 선관주의의무의 위반이 될 뿐만 아니라 재산관리의무의 위반, 즉 배임이 된다. 그러나 우리나라의 경영과 시장의 현실은 이러한 상태에 아직 와 있지 않다고 보인다. 좀더 시간이 필요하다. 판례도 사례 ⓜ에서 보듯이 이러한 역사인식을 같이 하고 있는 것으로 보인다.

---

50 이런 문제점을 지적하는 김효신, "경영판단원칙과 선관주의의무의 재정립", *중앙법학* (제13집 제4호, 2011), 471쪽.

**【사례 ⓜ】**

S 상호저축은행 대표이사 甲은 수익창출을 위해 골프장을 건설 운영하기로 하고, 상호저축은행법 위반을 피하기 위해 그 은행 임직원의 친척 乙의 명의로 특수목적법인인 Y 컨트리클럽을 설립하게 하고, 이 회사에 근저당권 설정 등의 채권회수조치를 취하지 않은 채 자금을 대출하여 골프장부지를 매입하였다. 그 골프장은 매입 시로부터 2주전에 28억원에 거래된 토지였으나 이를 48억원에 매입하였다. 또한 甲은 Y 컨트리클럽에 월 5천만원의 운영비를 계속 지급하였다. 甲은 이 과정에서 부지매입 당시 현장답사를 하고, 토지이용계획확인서를 확인하였지만, 주변토지의 시세 등에 비추어 매입가격이 적정한지, 해당 토지에 골프장사업이 가능한지, 예상 수입 등의 사업타당성에 관해서는 아무런 검토를 하지 않았다. 그런데 그 매입한 골프장부지는 도시기본계획법상 농림지역 및 보전관리지역에 위치하여 체육시설을 설치할 수 없는 곳이었다. 甲은 시 도시기본계획 변경건의를 하였지만 반려되었고, 결국 S 은행에 손해를 끼치게 되었다. 판례에 의하면 甲은 "그 매입가격이 적정한지, 골프장 건설사업이 타당성이 있는지 등에 관하여 아무런 구체적 검토를 거치지 아니한 사실 등을 알 수 있는데, 이러한 사정들은 설령 S 저축은행의 특성 및 위 사업추진의 위법성을 논외로 하고 그 경영상 판단의 면에서만 본다고 하더라도 그 자체로서 업무상 임무위배의 점 및 배임의 고의를 인정하기에 충분하다."[51]

사례 ⓜ은 정보수집의 합리성이 없었다는 점에서 이미 선관주의의무에 위반한 경우이고, 따라서 경영판단원칙이 적용되지 않으며, 대표이사에게는 제3자를 위한 의도적인 불법이득의사가 인정될 수 있다. 판례가 "사업추진의 위법성을 논외로" 한다는 점에 미루어 보면 대법원은 일반적인 법령의 위반이 현재는 경영판단원칙의 적용을 배제한다고 보기는 어렵지만 준법경영이 경영현실이 되는 언젠가는 사업추진의 위법성만으로도 경영판단원칙의 적용이 배제될 수

51 대법원 2011.10.27. 선고 2009도14464 판결.

있다는 전망을 갖고 있는 것으로 보인다.

지금까지 [3]장에서 설명한 내용은 아래의 도표로 요약할 수 있다.

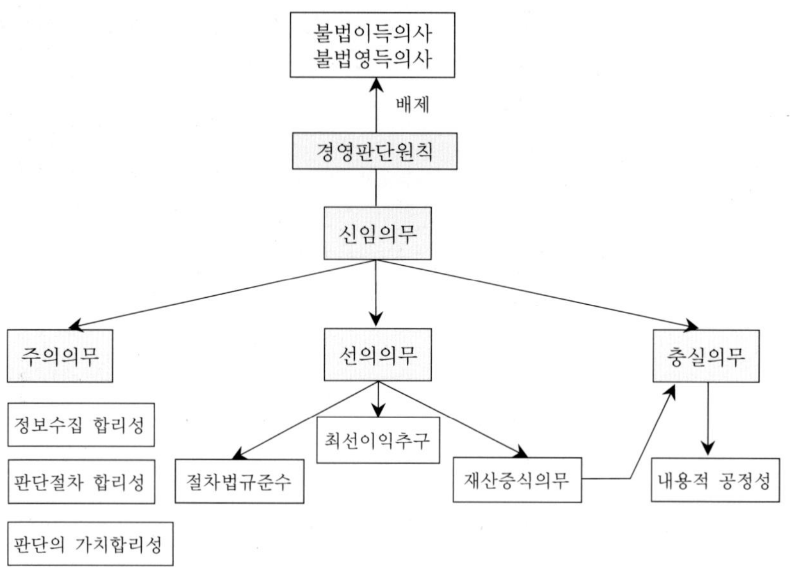

CHAPTER

# 4

# 경영판단원칙의 적용영역 확장

# 경영판단원칙의 적용영역 확장

경영판단원칙은 현재까지는 주로 단일기업 내에서 경영인들의 배임행위에 대해서만 적용되고 있다. 그러나 한국경제의 특수성인 대규모기업집단(그룹)의 차원에서 합리적인 경영결정이 배임죄에 해당한다고 보는 것이 적절하지 않은 사례군이 있다. 또한 경영판단은 배임죄와 같은 장(章)의 같은 조문(제355조)에 규정되어 있는 횡령죄에서도 일어날 수 있다. 그룹차원의 경영결정에 경영판단원칙을 적용한다면 배임죄의 규범영역 안에서 경영판단원칙을 확장하는 것이 되고 이를 '내부적 확장'이라고 부를 수 있다. 이에 비해 횡령죄에 경영판단원칙을 적용한다면 배임죄의 규범영역 밖에서 경영판단원칙을 확장하는 것이 되고, 이를 '외부적 확장'이라고 부를 수 있다.

## Ⅰ. 내부적 확장

대규모기업집단 내의 경영결정에 대하여 경영판단원칙을 적용한다면 재벌그룹의 경영진에게 중소기업이나 중견기업에 비해 부당한 이익을 주는 것일 수 있지만, 반면에 적용하지 않는다면 대규모기업집단의 경영이 비능률에 빠지게 하는 불이익을 주는 것일 수 있다.

## 1. 그룹차원의 경영판단 인정 필요성

### (1) 법인격의 독자성과 경제적 단일성

판례는 대규모기업집단 내에서 이루어지는 경영판단에 대해서는 대부분 배임고의를 인정하고 업무상 배임죄를 인정한다. 대표적으로 사례 ⓝ을 들 수 있다.

**【사례 ⓝ】**

H 그룹에 속해 있는 계열사 HL ㈜는 그 자본금 300억원이 모두 잠식되어 있어서 그 발행주식의 실질가치가 0원으로 평가되는 지경에 이르는 등 재무구조가 매우 불량한 상태에 있었다. 이에 재경경제원 장관은 HL ㈜에 대하여 자본금 증액명령을 내렸다. H 그룹회장 甲은 이 증액명령을 이행하여야 한다는 이유로 같은 그룹의 다른 계열사인 HE ㈜로 하여금 HL ㈜의 신주를 액면가격으로 인수하게 하였다. 甲의 판단은 증자명령을 이행하지 않으면 H 그룹 전체의 명예가 손상되어 HE ㈜의 영업에도 지장이 있게 될 가능성을 고려한 것이었다. 실질가치가 0인 주식을 대량으로 인수함으로써 그 인수대금총액만큼의 손해가 발생하였다. ① 대법원은 甲의 행위는 HE ㈜에 손해를 가하는 배임행위이고, HE ㈜를 위한다는 의사는 "부수적인 의사에 불과할 뿐이고", 그 피해는 HE ㈜에 "돌아갈 것임을 잘 알고 있었으므로 배임에 대한 고의도 충분히 인정되며", "단순히 그것이 경영상의 판단이라는 이유를 내세워 그에 대한 죄책을 면할 수 없다"고 보았다.[1]

이러한 판례는 그룹차원의 경영결정에 대해 일반적으로 경영판단원칙을 인정하지 않는다는 점을 보여준다. 이는 추측컨대 계열사들은 그 법인격이 별개라는 점을 중시하고, 그룹이 하나의 경제적 단일체일 수 있다는 점은 전혀 고려하지 않은 것이라 할 수 있다.

---

1 대법원 2004.6.24. 선고 2004도520 판결.

### (2) 지주회사의 손해와 지분법평가이익

그러나 같은 그룹 내 회사들 사이의 상호 지원은 그룹차원에서는 합리적인 경영판단일 수 있다. 예컨대 지원을 해준 기업이 지주회사(또는 모회사)인 경우 재무구조가 악화된 계열사의 신주를 인수해줌으로써 그 계열사의 재무구조를 개선하게 되면, 그 계열사의 각종 자본조달(예: 회사채의 발행)이 쉬워지고, 그로 인해 재무제표도 개선될 수 있다. 그리고 계열사의 재무구조와 재무제표의 개선은 곧바로 지주회사에게 지분법(Equity Method) 평가이익[2]을 가져다준다.

> 예컨대 그 계열사가 재무구조의 개선에 힘입어 적자에서 흑자로 전환하여 100억원의 당기순이익을 얻게 되면 그 계열사에 대한 지주회사의 지분율이 40%인 경우에 지주회사는 40억원을 회계장부상 이익으로 계상하게 된다.

물론 지분법평가이익은 그에 해당하는 현금이 지주회사에 실제로 입금되는 것은 아니다. 하지만 지주회사의 재무제표가 개선됨으로써 지주회사의 자본조달이나 주가상승 등의 이익을 얻을 수 있고, 이는 주주와 채권자 그리고 회사임직원 모두에게 이익이 된다. 그러므로 지주회사는 계열사(제3자)로 하여금 재무적 이익을 취득하게 하고, 자신은 단지 손해(의 위험)만을 감수하게 되는 것이 아니다. 설령 단기적으로는 계열사의 지원이 지주회사에 손해가 되지만, 중·장기적으로는 이익이 될 수 있다는 것이다.

---

2 지분법평가이익(손실)은 지분율의 계산방법에 따른 회계장부상의 이익(손실)이라고 풀 수 있다. 지분법의 '법'개념이 law로 오해되기 쉬우나 방법(method)임에 주의를 요한다.

### (3) 폐쇄적인 법의 내부적 부정합성

그런데도 지주회사에 대한 배임을 인정하는 것은 회사의 손해여부를 근시안적으로 판단하는 것이며, 경영의 합리성을 외면하는 폐쇄적인 법을 추구하는 것이 된다. 따라서 그룹차원의 경영판단을 전혀 인정하지 않는다면, 근시안적인 경영인만 법에 의해 보호되고, 거시적인 경영인은 범죄인이 되기 쉽다. 하지만 거시적인 관점에서 예측되는 지분법평가이익을 고려하여 지주회사의 재산을 관리할 의무는 배임죄가 이사에게 부과하는 재산관리의무의 한 내용이 된다고 볼 수 있다. 그렇다면 그룹차원의 경영판단을 전혀 인정하지 않는 것은 배임죄의 해석에 내부적인 부정합(internal incoherence)을 가져오는 것임을 알 수 있다. 여기서 어떤 경영결정이 그룹차원에서 합리적인 판단인 경우에도 경영판단원칙을 적용할 필요성이 인정된다.

## 2. 독점규제법적 법리와 경영판단원칙

이러한 문제점이 있는 데도 불구하고 판례는 왜 그룹차원의 경영판단에 대해 경영판단원칙을 적용하지 않는 것일까?

### (1) 불공정한 경쟁을 초래하는 경영판단원칙

판례는 아마도 같은 그룹에 속한 회사들은 기업활동면에서는 경제적 단일체일 수는 있지만, 법인격이 별개인 점과 각 계열사들은 각각의 주주와 채권자, 근로자를 갖고 있어서 이해관계가 서로 충돌할 수 있다는 점을 중시하는 것으로 보인다. 하지만 이 점만으로 그룹차원의 경영판단에 대해 경영판단원칙의 적용을 제외하는 법리가 충분히 타당하기는 어렵다. 또 다른 이유로서 독점규제법적 법리를 생각해볼 수 있다. 기업집단은 단일 회사들에 비해 한 회사가 재무적 위기에 처해있을 때 그룹 내 회사들 사이의 상호 지원을 통해 그 위기를 훨씬 쉽게 극복할 수 있다. 예컨대 위기에 처한 계열사가 신주발행을 하고, 모기업이 그 신주를 매수하면, 그 계열사는 재정위기를 쉽게 극복하거나 적어도 다른 단일기업에 비하여 오랫동안 버틸 수 있다. 재무구조가 취약해진 계열사에 모기업이 그의 자산을 양도하고 신주를 받으면 모기업의 재무상태는 악화됨이 없이, 계열사의 재무상태가 호전될 수 있다.

이는 재벌그룹에 속한 회사가 그룹에 속하지 않은 (특히 중견기업에 해당하는) 단일회사와의 경쟁에서 구조적으로 유리하고, 거꾸로 단일회사는 재벌회사에 비해 경쟁에서 구조적으로 불리함을 의미한다. 또한 이는 재벌회사의 계열사가 웬만하면 도산하지 않고, 지속적으로 증가하는 이유가 되기도 한다. 재벌기업들의 문어발식 확장은 이런 불공정성에 힘입는다. 그룹차원의 합리적 경영판단에 대해 경영판단원칙의 적용을 배제하는 것은 이와 같은 불공정경쟁의 구조를 조금이나마 해소하기 위한 법정책적 고려라고 볼 수 있다.

### (2) 카르텔 규제와의 유사성과 신제도학파의 관점

이런 법정책은 같은 그룹 내의 회사들 사이의 카르텔도 원칙적으로 독점규제법상 부당공동행위로 규제하는 법정책과 같은 맥락에 있다. 이는 경제와 법 및 그 밖의 사회체계를 분리하고 시장을 오로지 공급과 수용의 균형을 지향하는 조정체계로만 바라보는 (신)고전주의 경제학의 관점을 전제한다. 이에 비해 경제를 법제도와의 상호작용 속에서 바라보는 신제도학파 경제학의 관점에서는 법인격이 독립된 회사들일지라도 '사실상 하나의 사업자'인 경우라면 그 회사들간의 카르텔은 독점규제법적 제한을 받지 않는 것이 정당하다[3]고 보게 된다. 왜냐하면 같은 그룹에 속한 회사들간의 카르텔은 경쟁을 제한하는 것이 아니라 거래비용(transaction costs)을 낮추기 쉽고, 그에 따라 장기적으로 소비자후생을 증대시킬 개연성이 높기 때문이다. 예컨대 모회사와 (100%) 자회사 사이의 협력행위(the coordinated activity of a parent and its wholly owned subsidiary)를 셔먼법 제1조의 목적에서 볼 때 공모가 되지 않는다고 판시한 미국 판례[4]나 카르텔을 형성한 두 사업자가 모회사와 자회사의 관계와 같이 한 "사업자가 다른 사업자를 실질적으로 지배함으로써 이들이 상호 독립적으로 운영된다고 볼 수 없는 경우에는 사실상 하나의 사업자로 본다"[5]고 규정하는 공정거래위원회의 심사기준도 이와 같은 신제도학파적 경제학의 관점에 서 있는 것이라 할 수 있다.

### (3) 경영판단에서 사실상 하나의 사업자의 법리 설계

나는 이와 같은 '사실상 하나의 사업자' 개념을 카르텔뿐만 아니라 경영판단의 법리에도 도입할 것을 제안한다. 즉, 같은 그룹에 속하는 회사들 사이에 재무적 지원행위가 각 회사의 법인격이 독립되어 있음을 중시하면 배임죄가 성립하는 경우라고 할지라도 그 회사들이 '사실상 하나의 사업자'를 이루는 경우에는 경영판단원칙을 적용하자는 것이다.

---

3 신제도학파와 신고전학파의 경제학이 경제와 법의 관계를 이해하는 차이와 그룹 내 회사들의 카르텔에 대한 차이에 관한 설명은 이상돈, *공정거래형법* (법문사, 2010), 72~74쪽 참조.

4 Copperweld Corp. v. Independece Tube Corp., 467 U.S. 752 (1984) 참조.

5 공정거래위원회가 고시한 「공동행위심사기준」 V.2.

1) 경영지배에 의한 하향적 지원행위

다만 그로 인한 실질적인 경쟁제한효과를 최소화하고, 거래비용축소를 극대화하기 위해 다음과 같은 두 가지 전제조건을 설정할 필요가 있다고 본다.

- 하향적 지원행위 재무적 지원행위는 지주회사가 계열회사에게, 상위의 계열회사(예: 소지주회사)가 하위의 계열회사에게 하는 경우에 국한한다.
- 경영지배력 재정적 지원을 하는 모기업은 그 지원대상인 기업의 경영을 완벽하게 좌우할 수 있는 지배력, 즉 경영지배력을 갖고 있어야 한다.

첫째, 하향적 지원행위만을 인정하는 이유는 자회사가 모회사를 지원하는 경우까지 허용하면 마치 순환출자의 효과와 유사한 경쟁제한효과가 발생할 우려가 높기 때문이다.

둘째, 계열사에 대한 경영지배력을 요구하는 것은 두 회사가 상호 독립적으로 운영되지 않는다는 '사실상 하나의 사업자'라는 전제조건을 충족하기 위한 것이이면서, 장기적 관점에서 재무적 이해관계가 상호수렴될 개연성을 확보하기 위한 것이기도 하다. 이 조건을 통해 경영판단원칙의 적용은 거래비용축소의 효과를 가져올 것으로 기대할 수 있게 된다. 이상과 같은 내용의 법리를 경영판단원칙에서 '사실상 하나의 사업자의 법리'라고 부를 수 있다.

2) 지분율과 경영지배력

사실상 하나의 사업자 개념을 구성하는 경영지배력은 여러가지 요소에 의해 결정될 수 있다. 지분율은 매우 중요하지만 그런 요소의 한 가지일 뿐이다. 여기서 어떤 기준으로 사실상 하나의 사업자 개념을 구성하는 경영지배력의 유무를 판단할 것인가 하는 문제가 등장한다.

(가) **회계기준** 연결재무제표는 회사들간의 지배종속관계에서 투자의 중요사항인 지배회사의 손익을 제대로 파악하고 재무상태 조작유인의 차단을 위해 지배회사가 작성하여야 한다. 이는 지배회사와 종속회사가 사실상 하나의 사업자라는 점에 대한 강력한 근거가 된다.

ㄱ) **한국채택국제회계기준** 현재 주식회사의 외부감사에 관한 법률에 의해 연결재무제표 작성이 요구되는 회사들 사이의 '지배·종속의 관계'란 "주식회사가 경제활동에서 효용과 이익을 얻기 위하여 다른 회사(조합 등 법인격이 없는 기업을 포함한다)의 재무정책과 영업정책을 결정할 수 있는 능력을 가지는 경우로서 그 주식회사(이하 '지배회사'라 한다)와 그 다른 회사(이하 '종속회사'라 한다)의 관계를 말한다." (외감법시행령 제1조의3 제1항 1문) 이 경우에 적용되는(외감법시행령 제1조의2 제1항 2문) 한국채택국제회계기준으로 2007년 금융위가 도입한 한국채택국제회계기준(K-IFRS 1027호)은 지배기업이 다른 기업 의결권의 50%를 초과하여 소유하거나, 실질적으로[6] 50%를 초과하는 의결권을 행사할 수 있는 경우에 지배종속관계를 인정하였다.

그러나 50%를 초과하는 지분율의 요건은 공정거래법상 지배구조를 인정하는 지분율인 30% 이상에 비해 지나치게 높고, 우리나라 현실에서는 50% 미만의 지분을 보유하였어도 실질적으로 경제적 영속체, 즉 하나의 경제적 실체(entity)인 경우가 많기 때문에 문제로 인식되었다. 이에 국제회계기준위원회(International Accounting Standard

6 이런 경우는 ① 다른 투자자와의 약정으로 과반수의 의결권을 행사할 수 있는 능력이 있는 경우와 ② 이사회나 이에 준하는 의사결정기구의 의사결정에서 과반수의 의결권을 행사할 수 있는 능력이 있는 경우가 있다.

Board)가 새롭게 제정하고, 2011년 우리나라에서 채택된 한국채택국제회계기준(K-IFRS 1110호)은 별도의 지분율 규정 없이 실질지배력(De facto control)이 있는 회사에 대해서는 연결재무제표를 작성하도록 하고 있다. 실질지배력은 ① 피투자자에 대한 힘, ② 피투자자에 대한 관여로 인한 변동이익에 대한 노출 또는 권리, ③ 투자자의 이익금액에 영향을 미치기 위하여 피투자자에 대하여 자신의 힘을 사용하는 능력 등을 고려하여 평가적으로 결정되는 것이다.

**ㄴ) 1998년의 연결재무제표준칙** 그러나 이처럼 실질지배력을 평가하여 연결재무제표를 작성하게 하고, 그 경우에 형법상 경영판단원칙이 적용되는 사실상의 하나의 사업자를 정하는 것은 불명확성을 더 높이는 문제점이 있다. 따라서 실질지배력은 일종의 충분조건이고 필요조건으로서 일정한 지분율 이상일 것을 요구할 필요가 있다. 즉, 사실상 하나의 사업자가 인정되기 위한 필요조건으로서는 1997년 외환위기 후 기업재무상태의 투명성 확보를 위해 1998.1.1. 제정된 연결재무제표준칙이 합리적일 것으로 보인다. 이 준칙 제3조, 제4조는 당시 외감법시행령이 정한 지배종속관계를 기준으로 연결재무제표 작성의무를 지배회사에게 부과하고 있는데, 그 외감법시행령은 지배종속관계를 ① 100분의50을 초과하는 지분을 소유한 경우, ② 100분의30을 초과하고 최대출자자인 경우, ③ 지배회사와 종속회사가 합하거나 종속회사와 종속회사가 합하여 다른 회사의 의결권 있는 주식의 100분의30을 초과하여 소유하면서 최다출자자인 경우(구 외감법시행령 제1조의3 제1항)에 인정하고 있었다.

**(나) 법인세법상 익금불산입기준** 다른 한편 법인세법은 모회사가 계열회사로부터 받은 배당소득에 대해 익금불산입제도(제18조의2 및 3)를 두고 있다. 자회사로부터 받은 출자지분에 따른 배당소득에 대

해 법인세를 공제해주는 취지는 물론 세법상으로는 이중과세를 피하기 위한 것이지만, 이는 곧 그 세액공제의 한도 내에서는 모회사와 자회사가 마치 하나의 사업자인 것처럼 취급하는 결과를 낳는다. 이 점에서 경영판단원칙의 적용여부를 좌우하는 사실상의 하나의 사업자라는 개념에 의미 있는 제도가 된다. 현행 법인세법은 1999. 12. 28. 법인세법 개정에서 수입배당금액의 익금불산입제도(제18조의2)를 도입한 이후 여러 차례의 개정을 거쳐 현재는 일반법인(제18조의3), 외국소재 자회사(제57조)에 대해서도 조세협약의 체결유무를 묻지 않고 이를 적용하고 있다. 이와 같은 세액공제를 받기 위한 요건은 지주회사인지, 일반 법인인지, 자회사의 상장여부나 벤처기업여부 등에 따라 차등적이다.

여기서 경영판단원칙과 관련한 사실상의 하나의 사업자 개념을 정의하는 데 유의미한 내용으로 예컨대 지주회사가 주권상장법인인 자회사에 대하여 40%(비상장법인 자회사에 대하여는 80%)를 초과하는 출자를 한 경우에는 그 자회사로부터 받은 수입배당금액 '전액'에 상당하는 금액을 공제받는다는 점(제18조의2 제1항 제1호)에 주목할 필요가 있다. 수입배당금액 전액의 법인세를 공제받는다는 것은 지주회사와 상장회사가 사실상 하나의 사업자와 같다는 의미를 갖는다. 전액이 아니라 일부만 공제받을 수 있는 지분율은 그 한에서는 두 회사 사이의 독자성이 인정된다는 것이므로, 그런 부분적 독자성에도 불구하고 횡령죄나 배임죄의 판단에서 두 회사를 하나의 법인격처럼 다루는 것은 부적절하다고 볼 수 있다. 이럴 경우에 사실상의 하나의 사업자로 인정되기 위한 필요조건은 30%를 넘는 지분율이 아니라 40%(비상장 자회사는 80%)를 넘는 지분율이 된다. 이런 기준은 회계기준상의 요건보다 좀더 강화된 기준이다.

(다) 두 기준의 결합 여기서 경영판단원칙을 그룹차원의 경영결정에 대해 확장 적용하는 제안을 좀 신중하게 받아들이려 한다면 사실상 하나의 사업자가 되기 위한 자회사에 대한 지분율은 ① 지배회사가 종속 자회사의 의결권 있는 주식의 50%를 초과하여 소유하거나 ② 지배회사 또는 지배회사와 종속회사가 합하거나 종속회사와 종속회사가 합하여, 다른 종속자회사의 최대출자자로서 그 회사의 의결권 있는 주식의 (상장법인인 자회사의 경우는) 40%나 (비상장법인인 자회사의 경우는) 80%를 초과하여 소유한 경우이어야 한다는 기준을 세울 수 있다.

## Ⅱ. 경영판단원칙의 외부적 확장

### 1. 횡령죄에 경영판단원칙이 적용되지 않은 이유

지금까지 경영판단원칙은 배임죄에 대해서 적용되어 왔고, 횡령죄에는 적용되지 않았다. 그 주된 이유는 두 가지로 요약할 수 있다.

#### (1) 실행행위와 결과 사이의 구조적 간극

첫째, 횡령죄는 타인의 재물을 보관하는 자가 그 재물을 횡령 또는 반환을 거부함으로써 성립한다. '횡령'(Unterschlagung)이라는 구성요건표지는 불법영득을 의미하고, 보관자가 소유권자의 지위를 향유하는 행위를 하면 횡령죄는 곧바로 기수에 이른다. 그렇기 때문에 소유권을 침해하는 영득죄로서 횡령죄에는 경영판단원칙이 적용될 여지가 거의 없게 된다. 이에 비해 배임죄에서 타인의 사무를 처리하는 자는 그 임무위배행위를 한다고 하여 그것이 곧바로 배임죄의 법익인 그 타인의 재산권을 침해하고 자신 또는 제3자가 이익을 취득하는 결과를 발생시키게 되는 것은 아니다. 그러니까 횡령이라는 실행행위는 횡령죄의 구성요건을 곧바로 '충족'(Tatbestandserfüllung)하는 데에 비해, 임무위배행위라는 실행행위는 배임죄의 구성요건에 '해당'(Tatbestandsmäßigkeit)할 뿐, 곧바로 '충족'하지는 않는다. 경영판단원칙은 바로 임무위배(배임)행위와 배임죄의 성립(기수) 사이의 구조적 시공간적 간격 속에서 작동한다. 이를테면 경영결정은 언제나 리스크를 떠안는 행위이고, 이 행위가 회사에 손해를 끼칠지 아니면 이익을 가져다줄지는 언제나 시간차를 두고 확정되며, 그 성패의 예측가능성이 형법상 그 손해의 결과를 경영행위자에게 귀속시킬 수 있을 정도로 높지 않다. 이에 반해 실행행위(횡령)와 소유권침해 사이에는 그런 구조적 (시차)간격이 거의 없고, 따라서 경영판단원칙도 작용할 수가 없는 것이다.

### (2) 정형성과 명확성의 차이

둘째, 행위의 정형성에서도 차이가 있다. 횡령죄의 "타인의 재물을 보관하는 자"의 개념보다는 배임죄의 "타인의 사무를 처리하는 자"의 개념이 매우 불명확하여, 그 개념에 포섭되는 행위자의 범위 획정이 언제나 논란이 된다. 또한 "횡령"의 개념보다 "그 임무에 위배하는 행위"의 개념도 매우 불명확하다. 이 점은 우리나라 배임죄 규정보다 좀더 세부적으로 임무위배행위를 권한남용(Mißbruach der Befugnis)과 신임의무의 위반(Treubruchstatbestand)으로 나누어 규정하는 독일 형법의 배임죄(제266조 제1항)도 그 텍스트의 의미가 "끝없는

폭"(uferlose Weite)을 갖고 있다는 비판을 받아왔음[7]을 고려할 때 더욱 더 그러하다. 특히 배임죄가 경영에서 모럴헤저드라는 윤리적 비판을 받는 행위에 의해 수행되고, 그 결과가 실패로 끝난 경영판단에 대하여 적용됨으로써 배임죄의 법적 정형성은 더욱 더 약화된다.[8] 이에 비해 물권법적 권리인 소유권에 대한 침해여부에 의해 구성요건의 충족여부가 좌우되는 횡령죄는 그 정형성이 배임죄에 비해 훨씬 높다고 볼 수 있다. 이러한 정형성의 차이는 횡령죄에 대하여 경영판단원칙을 적용할 필요성을 현저히 줄이는 요인이 된다.

## 2. 횡령죄의 신임관계와 경영판단

그러나 우리나라 형법에서 횡령죄는 독일 형법과 달리 절도죄와 같은 장이 아니라 배임죄와 같은 장(형법 제40장 횡령과 배임의 죄), 심지어 같은 조문(제355조)에서 규정되고 있다. 이는 횡령죄도 신임관계의 파괴를 불법의 한 내용으로 삼고 있음을 말해준다. 우리나라에서 횡령죄는 배임죄와 형제관계의 구성요건인 것이다.

### (1) 배임죄와 절반의 동질적인 불법유형

다시 말해 횡령죄는 소유권을 침해하는 정형화된 영득행위라는 점에서는 절도죄와 같은 불법유형을 지니지만, 신임관계의 파괴라는 점에서는 배임죄와 같은 불법유형을 갖는다. 신임관계의 파괴라는

---

7 배임죄구성요건의 불명확성에 대하여 독일 학계의 비판에 대해 자세히는 Harro Otto, *Die Struktur des strafrechtlichen Vermögensschutzes*. (Duncker & Humblot, 1970), 311쪽 아래 참조; Karl Heinz Labsch, (§266 StGB) *Grenzen und Möglichkeiten einer neuen Deutung* (1983), 189쪽 아래 참조.

8 이러한 현상을 두고 배임죄의 포괄구성요건화라고 비판하는 이상돈, "경영실패와 경영진의 형사책임", *법조* (통권 제560호, 2003, 5월호), 79쪽 아래 참조.

불법유형은 횡령죄가 절도죄와 달리 이해되어야 함을 보여준다. 이를테면 일시적인 사용의사로 행한 절도(사용절도)는 자동차등의 불법사용죄(제331조의2)에 해당하지 않는 한 절도죄가 되지 않는다. 이에 반해 사용횡령은 원칙적으로 횡령죄를 구성한다. 횡령죄에서 타인의 재물을 보관하는 자는 예컨대 수치인의 임치물사용금지의무(민법 제694조)에 위반함으로써 그 신임관계를 파괴하고, 바로 그 점에서 불법영득의사를 외부적으로 표현한 것이 되고, 횡령죄 불법의 실질을 적어도 절반 정도는 실현한 것이 된다고 볼 수 있기 때문이다.

### (2) 횡령죄의 신인의무 위반적 성격

물론 횡령죄가 보관자에게 지우는 의무는 미국법상 경영판단의 주체가 되는 이사들의 신인의무(fiduciary duty)와 다소의 차이는 있을 수 있다. 가령 타인의 재물을 보관하는 자는 민법상 수치인으로서 자기재산과 동일한 정도의 주의로 보관할 의무(민법 제694조)를 지며, 수치인이 상인이라면 그 주의의무는 보수를 받지 않아도 선관주의(상법 제62조)로 강화되며, 그 상인이 공중접객업자(상법 제152조), 창고업자(상법 제160조) 등인 경우에는 선관주의의무의 이행에 대한 입증책임까지 짊어지게 된다. 이와 같은 보관자의 신임의무와 배임죄의 타인사무처리자(예: 회사의 경영진)의 신임의무 사이의 차이는 경영판단원칙을 오로지 배임죄에만 적용하고 횡령죄에는 처음부터 적용할 수 없게 만들 정도로 큰 것은 아니다. 미국법상 신인의무가 신탁법의 법리가 확장 적용된 결과로 바라볼 때, 그 법리를 우리나라 형법에서 경영상 배임을 한 이사에게만 적용할 수 있고, 경영상 횡령을 한 이사에게는 적용할 수 없다는 차별취급은 근거지을 수 없다. 여기서 횡령죄에 대해서도 경영판단원칙을 적용할 가능성을 검토할 필요성을 외면할 수 없게 된다.

## 3. 횡령죄에 대한 경영판단원칙의 예외적 적용

횡령죄에 대한 경영판단원칙의 적용은 물론 예외적으로만 가능하다고 보아야 한다. 왜냐하면 횡령죄는 그 불법유형의 절반 정도가 절도죄와 같이 소유권을 침해하는 영득범죄로 구성되어 있고,[9] 이 특성이 중요하게 등장하는 사안에서는 경영판단원칙을 적용해서는 안 되기 때문이다.

### (1) 예외적 사용·처분의 법리

그런 예외적인 경우로 나는 ① 타인의 재물을 보관하는 자의 그 보관물에 대한 사용·처분이 그 타인(예: 비자금을 조성한 회사)과의 (명시적, 묵시적 계약)관계에 의해 예외적으로 허용되고, ② 그 사용이 합리적 경영판단에 의해 이루어지며, ③ 소유권자와 보관자 사이의 신임관계도 파괴되지 않는다고 볼 수 있는 경우를 들 수 있다. 이런 경우에 경영판단원칙을 적용하는 이론을 편의상 '예외적 사용·처분의 법리'라고 부를 수 있겠다. 회사의 현금 보관자가 예외적으로 그 현금을 사용·처분할 수 있는 대표적인 경우로 다음 두 경우를 들 수 있다.

---

9 참고로 독일 형법전(StGB)은 절도(§§242~245)와 횡령(§§246)은 같은 장(제19장)에 규정되고 있으며, 친족상도례(§247), 사소법익침해(§248a) 등은 절도와 횡령에 대해 공동의 규정이 입법되어 있기도 하다.

– **부외자금의 회사를 위한 사용** 어떤 회사에서 조성된 비자금을 계열사에 지원함으로써 그 회사에 이익이 되고, 동시에 그런 지원행위가 비자금 조성 회사를 위한 사용에 해당하는 경우

– **상계충당** 어떤 회사의 현금을 보관하는 자가 그 회사에 대하여 상계적상(민법 제492조 제2항)이 있는 채권을 보유하고 있고, 이 채권과 회사의 보관자에 대한 현금반환채권을 상계할 수 있는 특약이 있는 경우

### (2) 부외자금의 사용과 경영판단원칙의 적용 필요성

그 대표적인 경우로서 사례 ⓞ와 같이 부외자금(비자금)을 회사를 위해 사용하는 경우를 들 수 있다.

1) 부외자금의 보관관계 인정

첫째, 부외자금의 조성 자체는 분식회계죄(주식회사의 외부감사에 관한 법률 제20조 제1항)에 해당하지만, 일단 조성된 부외자금은 보관자와 회사 사이의 묵시적 계약관계에 의해 회사를 위해 사용될 수 있다고 보아야 한다. 회사의 부외자금을 보관하는 회사의 임직원은 회사(임치인)와의 (묵시적) 계약에 의하여 임치물로서 현금을 보관하는 자로 볼 수 있다. 이 보관자의 지위는 부외자금의 조성 자체가 분식회계의 위법한 방법으로 이루어졌음에도 불구하고 인정된다. 즉 (묵시적) 임치계약을 공서양속(민법 제103조)에 위반하여 무효인 법률행위로 볼 수 없다는 것이다. 만일 보관자의 지위를 인정하지 않는다면, 그는 절도범으로 처벌되어야 할 것이다. 그러나 부외자금의 관리자는 그 현금을 이미 사실상 점유하고 있기 때문에 절도죄의 절취 요건을 충족할 수 없고, 따라서 절도죄로 처벌할 수가 없다. 그러므로 부외자금의 보관자는 횡령죄의 주체로 보아야 한다.

### 2) 합리적 경영판단에 의한 부외자금의 사용

둘째, 부외자금의 사용이 합리적 경영판단에 의하여 이루어지는 한, 보관자와 회사 사이의 신임관계는 파괴되지 않는 것이며, 회사의 소유권을 침해하지도 않는다고 볼 수 있다. 이처럼 예외적으로 횡령죄의 성립에 대한 판단에서 경영판단원칙이 작동할 수 있는 대표적인 예는 기업이 조성한 부외자금(비자금)을 그 기업의 비약적인 성장을 위한 M&A를 성사시키기 위한 경비로 사용하는 경우를 들 수 있다.

**【 사례 ◎ 】**

S 주식회사의 대표이사 甲은 분식회계를 통해 100억원의 부외자금(비자금)을 조성하였다. 이 부외자금을 통해 甲은 S ㈜가 자신들의 사업과 산업적 연관성이 높은 사업을 하는 M 주식회사를 인수하려고 한다. 이 인수가 지지부진하자 甲은 M ㈜의 대주주인 乙에게 30억원을 지급하었다. 이 경우 대주주 乙이 M ㈜의 대표이사이거나 혹은 M ㈜가 속한 그룹의 지배력을 갖고 있는 회장이면 乙은 M ㈜의 (사실상) 사무를 처리하는 자에 해당한다. 따라서 甲에게는 배임증재죄가, 乙에게는 배임수재죄가 성립한다. 그러면 甲에게 비자금사용과 관련하여 횡령죄가 성립하는가?

### (3) 부외자금 사용의 횡령죄에 대한 판례의 태도

① 판례는 부외자금의 조성만으로는 그 조성이 처음부터 '개인적 착복의 목적'으로 한 것이 아닌 한 횡령죄가 성립하지 않는다고 본다.[10] 따라서 처음부터 개인적 착복의 목적이 아니었다면, 횡령죄 여

10 대법원 2010.12.9. 선고 2010도11015 판결; 대법원 1999.9.17. 선고 99도2889 판결

부는 그 부외자금이 어떻게 쓰였는지에 따라 달라진다. "이때 그 행위자에게 법인의 자금을 빼내어 착복할 목적이 있었는지 여부는 그 법인의 성격과 비자금의 조성 동기, 방법, 규모, 기간, 비자금의 보관방법 및 실제 사용용도 등 제반 사정을 종합적으로 고려하여 판단하여야 한다."[11] 특히 ② 판례는 부외자금을 회사의 통상경비, 예컨대 영업활동비나 조직운영비로 사용하면 불법영득의사를 인정하지 않는 반면, 뇌물로 사용하거나,[12] 배임증재죄에 해당하는 리베이트 목적으로 사용한 경우[13]에는 불법영득의사를 인정한다. ③ 다만 판례는 기업의 M&A 성사에 대한 사례금으로 비자금을 사용한 경우에는 그 행위가 배임증재죄에 해당하더라도 개인적 용도로 사용한 것이 아니라는 점에서 불법영득의사를 인정하지 않기도 한다.[14]

---

("업무상횡령죄가 성립하기 위하여는 자기 또는 제3자의 이익을 꾀할 목적으로 업무상 임무에 위배하여 자신이 보관하는 타인의 재물을 자기의 소유인 것 같이 사실상 또는 법률상 처분하는 의사를 의미하는 불법영득의 의사가 있어야 한다. 법인의 운영자 또는 관리자가 법인의 자금을 이용하여 비자금을 조성하였다고 하더라도 그것이 당해 비자금의 소유자인 법인 이외의 제3자가 이를 발견하기 곤란하게 하기 위한 장부상의 분식에 불과하거나 법인의 운영에 필요한 자금을 조달하는 수단으로 인정되는 경우에는 불법영득의 의사를 인정하기 어렵다.")

11 대법원 2006.6.27. 선고 2005도2626 판결.

12 대법원 2005.5.26. 선고 2003도5519 판결.

13 "회사가 기업활동을 하면서 형사상의 범죄를 수단으로 하여서는 안 되므로 뇌물공여를 금지하는 법률 규정은 회사가 기업활동을 할 때 준수하여야 하고, 따라서 회사의 이사 등이 업무상의 임무에 위배하여 보관 중인 회사의 자금으로 뇌물을 공여하였다면 이는 오로지 회사의 이익을 도모할 목적이라기보다는 뇌물공여 상대방의 이익을 도모할 목적이나 기타 다른 목적으로 행하여진 것이라고 보아야 하므로, 그 이사 등은 회사에 대하여 업무상횡령죄의 죄책을 면하지 못한다. 그리고 특별한 사정이 없는 한 이러한 법리는 회사의 이사 등이 회사의 자금으로 부정한 청탁을 하고 배임증재를 한 경우에도 마찬가지로 적용된다."(대법원 2013.4.25. 선고 2011도9238 판결)

14 대법원 2010.4.15. 선고 2009도6634 판결("피고인 2가 보관하고 있던 공소외 6 주식회사의 비자금 중 6억 5,000만 원을 피고인 1에게 지급한 것은 공소외 6 주식회사가 설립한 공소외 7 주식회사가 공소외 1 주식회사를 인수하는 과정에서 도움을 준 피고인 1에게 그 대가로 지급된 것임은 앞서 본 바와 같다. 따라서 비록 피고인 2가 위 돈을 피고인 1에게 지급한 것이 배임증재에 해당하여 위법하다고 하더라도, 피고인 2가 이를 개인적인 용도로 사용한 것이 아니라는 등의 사정이 있는 이상, 피고인

2에게는 불법영득의사가 없어서 이에 대하여 업무상 횡령의 죄책을 물을 수는 없다고 할 것이다.")

### (4) 경영판단원칙의 적용

리베이트목적의 부외자금 사용을 개인적 용도의 사용으로 본 판례(대판 2011도9238)는 M&A의 성공을 위해 대주주에게 현금을 지급하는 배임증재행위를 두고 회사를 위한 사용이라고 본 판례(대판 2009도6634)보다 약 3년 뒤에 나온 판례이다.

#### 1) 사안유형에 따른 차별화 규칙의 실패

그러면 앞의 판례는 전원합의체의 형식을 취하지 않았지만 뒤의 판례를 실질적으로 변경하고 있는 것일까? 아니면 배임증재죄에 해당하는 행위로 부외자금을 사용하는 행위가 M&A의 성공을 위한 경우에만 예외적으로 개인적 용도의 사용이 아니라 회사를 위한 사용으로 보는 새로운 규칙을 정립하는 것일까? 아마 둘 다 아닐 것이다. 그 이유는 M&A로 오히려 인수회사가 재정난에 빠지면서 큰 손해를 입게 될 수도 있고, 반면에 도급을 따내기 위한 배임증재도 잘못한 M&A보다 회사의 이익이 되기도 할 수 있기 때문이다. 물론 이와 정반대의 결과도 일어날 수 있다. 어떤 경우이든 행위자의 의도에서 볼 때에는 회사의 성장이라는 목표를 추구한 것이라 할 수 있다. 그러므로 두 판례의 충돌은 사안의 유형(예: 도급계약, M&A 양해각서체결)에 따라 차별화하는 규칙에 의해서는 해소될 수 없다.

#### 2) 경영판단의 합리성에 따른 차별화

나는 그와 같은 충돌은 그 비자금의 사용이 합리적인 경영판단에 따른 것인지에 따라 불법영득의사의 유무를 결정하는 방법에 의해서만 해소될 수 있다고 본다. 즉 M&A의 성공을 위한 비자금 사용이든 사업의 활성화(매출증가)를 위한 비자금의 사용이든 그것이 회사의 이익이 될 것이라는 합리적 경영결정이었던 경우에는 불법영득의사(불법영득목적)가 인정되지 않을 수 있다는 것이다.

따라서 사례 ◎에서 대표이사가 추진한 M&A를 통해 S ㈜가 30억원의 리베이트비용을 훨씬 뛰어넘는 성장을 하게 될 것이라는 점에 대한 합리적 경영판단이 있었다면 불법영득의사는 인정될 수 없고, 횡령죄도 성립하지 않는다. 물론 M&A 이후 S ㈜가 예컨대 지분법평가이익에서도 실제로 큰 수확을 거두었다면, 당시 비자금의 사용이 합리적 경영판단에 근거한 것이라는 결정적인 증거가 될 수 있다.

더 나아가 이 경우에 M&A 경비로 비자금을 사용한 사실이 비자금조성 자체를 횡령죄로 구성하기 위해 요구되는 명백한 불법영득의사를 추론하는 간접증거로도 사용해서는 안 된다. 다만 대주주에 대한 증여가 배임증재죄에 해당하는 점이 선의의무(duty of good faith)에 대한 위반인지가 문제가 될 수 있다. 그러나 선의의무 위반을 인정하려면 준법경영이 미래경영의 목표가 아니라 오늘날 경영의 현실이 되는 시대가 되어야 한다고 본다.

## Ⅲ. 경영판단원칙의 내부적·외부적 확장

### 1. 적용영역의 새로운 유형화

이상에서 살핀 경영판단원칙의 내부적 확장과 외부적 확장을 결합해보면 경영판단원칙의 적용영역은 아래 도표처럼 4가지로 유형화할 수 있다. 첫째, 개별기업 차원의 배임행위에 대한 경영판단원

| | | 적용대상 | |
|---|---|---|---|
| | | 개별기업 | 그룹 |
| 적용범죄 | 배임 | ⓐ | ⓑ |
| | 횡령 | ⓒ | ⓓ |

칙의 적용은 기본영역(도표 ⓐ)에서의 적용이 된다. 둘째, 그룹차원의 배임행위에 경영판단원칙을 적용하는 경우(도표 ⓑ)와 횡령죄에 경영판단원칙을 적용하는 경우(도표 ⓒ)는 경영판단원칙의 적용영역을 (각각 내부적, 외부적으로) 확장시킨다. 셋째, 횡령죄로의 확장과 그룹차원의 경영판단에로의 확장을 동시에 하는 경영판단원칙의 적용, 즉 내가 앞에서 설명한 '경영판단에서 사실상 하나의 사업자의 법리'와 '예외적 사용·처분의 법리'를 동시에 적용할 때 경영판단원칙은 이중적으로 확장된다(도표 ⓓ). 이러한 경영판단원칙의 이중적 확장은 이론적으로 정연하고 설득력이 있을 수 있어도, 실제로 재판에서 관철되기는 좀더 많은 시간이 필요할지도 모른다. 아래에서는 이중적 확장의 이론적 관철가능성을 살펴보고, 현재의 실무에서 당장이라도 수용가능한 법리로서 법률의 착오에 의한 경영판단의 고려를 제안하기로 한다.

## 2. 이중확장의 예시적 논의

### (1) 계열사 지원과 횡령죄

그룹차원의 합리적 경영판단에 의해 비자금을 계열사를 지원하는데 사용하는 경우에 판례는 조성 당시의 불법영득의사를 인정한다. 즉, 이중확장을 인정하지 않는 것처럼 보인다.

【 사례 ⓟ 】

M 그룹의 지주회사인 M ㈜의 대표이사이자 대주주인 甲은 분식회계를 통해 비자금을 조성하고 보관하던 중 자신이 1인회사로 지배하고 있는 ML ㈜에게 ML ㈜의 경비조로 5억원을 지원하였다.

1) 판례의 태도

판례는 "피고인이 피해 회사 자금을 인출하여 부외자금을 조성한 뒤 자기 또는 제3자인 다른 계열사들의 이익을 위하여 사용한 사안에서, 이는 피해 회사의 자금을 자기의 소유 자금인 것처럼 처분할 의사로 부외자금을 조성한 것으로 보이므로 피고인의 불법영득의사가 인정되고, 계열회사 전부가 피고인의 1인회사라고 하더라도 달리 볼 수 없다."[15] 이는 계열사 지원은 원칙적으로 회사를 위한 사용으로 보지 않는 것이기도 하다.

2) 부외자금의 계열사 지원에 대한 횡령죄의 제한적용

그러나 이러한 판례의 입장은 사례 ⓟ에서 계열사가 모회사와 '사실상 하나의 사업자'가 '아닌' 경우일 때에만 타당하다고 보아야 한다. 왜냐하면 사실상 하나의 사업자 관계가 없는데도 불구하고 대주주가 지주회사의 비자금을 자신이 지배하는 회사에 부외자금을 사용하는 것은 대주주 개인을 위한 것일 뿐이기 때문이다. 물론 이 경우에 성립하는 횡령은 제3자영득(Drittzueignung)[16]이 아니라 자기영득

15 대법원 2011.2.10. 선고 2010도12920 판결.

16 판례는 "횡령죄에 있어서의 불법영득의 의사라 함은 타인의 재물을 보관하는 자가 자기 또는 제3자의 이익을 꾀할 목적으로 업무상의 임무에 위배하여 보관하는 타인의 재물을 자기의 소유인 경우와 같이 사실상 또는 법률상 처분하는 의사를 의미하고, 반드시 자기 스스로 영득하여야만 하는 것은 아니다"(대법원 2000.12.27. 선고 2000도4005 판결)고 하여 제3자영득의 가능성을 인정하는 것처럼 보인다. 그러나 제3자영득은 제355조 제1항의 법문언을 마치 "타인의 재물을 보관하는 자가 그

(Selbstzueignung)일 뿐이다.

### (2) 사실상 하나의 사업자인 계열사에 대한 합리적 경영판단

이에 비해 부외자금을 지원받은 계열사가 부외자금이 조성된 지주회사와 '사실상 하나의 사업자'이어서 그 계열사의 수익증가가 지분법평가이익 등을 통해 지주회사에게 이익이 되는 관계에 있고, 그 계열사에 대한 부외자금의 지원이 합리적 경영판단에 따른 것이라면 경영판단원칙이 적용되어야 한다.

#### 1) 사실상 하나의 사업자에 대한 비자금의 사용

이러한 경우에 해당하는 대표적인 사례를 들어본다.

**【사례 ⑨】**

M 그룹의 지주회사인 M ㈜의 대표이사이자 대주주인 甲은 분식회계를 통해 비자금을 조성하고 보관하던 중 M ㈜가 51%의 지분을 갖고 있는 ML ㈜에게 ML ㈜가 자신들의 사업과 산업연관성이 있는 K ㈜를 인수합병하기 위한 경비조로 5억원을 주었다. 甲은 지원결정을 하기에 앞서 두 곳의 회계법인이 K ㈜의 인수가 ML ㈜에 가져오는 효과에 관해 제출한 긍정적인 의견의 보고서를 검토한 바 있다.

사례 ⑨에서 계열사의 M&A가 합리적 경영판단에 의해 그 계열사에 수익을 증가시킨다는 점이 인정된다면, 부외자금이 조성된 모기

---

재물을 횡령하거나 그 반환을 거부한 때 <u>또는 제3자로 하여금 그 재물을 횡령하도록 하거나 그 반환을 거부하도록 한 때</u>"로 수정하는 법형성(법률문언수정적 법형성)이 되고, 이는 유추금지원칙에 위배된다. 따라서 "제3자의 이익을 꾀할 목적으로"라는 것은 보관자가 영득하되, 그 영득물의 향유를 제3자가 누리게 하려는 의사를 의미할 뿐이라고 보아야 한다. 이런 법형성은 참고로 독일 형법 제246조 제1항의 "타인의 재물을 횡령하거나 제3자에게 영득하게 한 자"(Wer eine fremde bewegliche Sache sich oder einem Dritten rechtswidrig zueignet)에 근접시킨 것이라고 볼 수 있다.

업인 M ㈜에게도 지분법평가이익 등의 이익을 가져다주기 때문에 회사를 위한 사용이라고 볼 수 있다. 이런 계열사의 지원을 위한 자금으로 부외자금이 조성되었다면, 그 조성 당시에 불법영득의사가 있었다고 인정할 수 없다.

### 2) 법률의 착오에 의한 경영판단원칙의 고려

하지만 '사실상 하나의 사업자'인지 여부와 상관없이 법인격이 다르므로 횡령이라고 보는 현재의 판례를 전제로 한다면, 이와 같은 경영판단원칙의 취지는 법률의 착오(제16조)로 우회하여 실현할 수 있을 것이다. 즉, 그룹차원의 합리적 경영판단으로 부외자금을 사실상 하나의 사업자가 되는 계열사에 지원하는 결정을 한 대표이사(겸 대주주)에게는 그런 비자금의 사용행위가 횡령에 해당하지 않는다는 법률의 착오(포섭착오)가 있었다고 보는 것이다. 이때 사실상 하나의 사업자에 대한 자금의 지원은 그 착오의 정당한 이유에 해당한다고 보아야 한다.

## 3. 내부적·외부적 확장의 한계

그러나 경영판단원칙의 이중적 확장은 한계가 있다. 그 한계가 어디까지인지 상세히 살펴보기로 한다.

### (1) 지주회사 임원의 인센티브 지급을 위한 계열회사와의 경영판단적인 상계충당

그 한계의 일탈은 다음의 사례 ⓡ처럼 지주회사 임원의 인센티브 지급을 위해 계열회사의 자금을 사용하는 경우에 잘 나타난다.

**【사례 ⓡ】**

M 그룹의 지주회사인 M ㈜의 대주주이면서 M 그룹회장인 甲은 M ㈜의 대표이사 乙에게 그간의 성과를 보상하고, 향후 지속적 기여를 장려하기 위한 목적으로 2년에 걸쳐 10억원의 인센티브를 주기로 결정하였다. 다만 그 인센티브의 비용조달을 M ㈜가 40%의 지분을 갖고 있는 MU ㈜가 다시 100%의 지분을 갖고 있는 MY ㈜와 MZ ㈜에서 乙에게 각 (세전) 5억원씩 지급하도록 하였다. 그런데 甲은 계열사 MY ㈜와 MZ ㈜에 대해 각각 5억원의 현금지급채권을 갖고 있었다. 乙은 MY ㈜와 MZ ㈜의 임직원이 아니었으며, 지주회사의 투자관리업무 이외에 두 회사를 위해 특별히 한 일은 없다. 乙은 MY ㈜와 MZ ㈜로부터 2년에 걸쳐 10억원을 수령하였다. 그런데 甲은 M 그룹의 다른 계열사 M 건설의 미분양 빌라의 분양을 촉진시키기 위해 乙에게 먼저 자신이 10억원을 개인적으로 빌려주고 그것으로 빌라분양을 신청하게 하였고, 나중에 乙이 계열사로부터 수령한 급여 10억원을 되돌려 받았다. 또한 甲은 자신의 두 계열사에 대한 10억원의 현금지급채권을 두 계열사가 乙에게 지급한 10억원(에 대한 부당이득반환채권)과 상계하기로 하였다. 甲에게 MY ㈜와 MZ ㈜에 대한 횡령죄가 성립하는가?

먼저 인센티브의 지급결정은 현재까지의 성과와 앞으로의 성과전망을 높이 평가하는 합리적 기준이 뒷받침된다면, 그 결정은 회사를 위한 합리적인 경영판단일 수가 있다. 이런 경우에 경영판단원칙이 적용될 가능성이 있는지를 검토해볼 필요가 있다.

1) 계열사에 대해 회장이 현금지급채권을 갖고 있는 경우

경영판단원칙이 적용되려면, 회사의 현금을 보관하는 자가 그 현금을 예외적으로 사용·처분할 수 있는 경우이어야 한다.

㈎ 계열사에 대한 현금지급채권의 상계충당　　예컨대 회장이 그 계열회사에 대한 현금지급채권을 갖고 있는 경우에, 회장은 그 현금지급채권을 그 계열회사의 회장에 대한 현금반환채권과 (상계충당의 특

약을 근거로 또는 민법상 상계의 일방행위에 의하여[17] 상계하는 데에 사용·처분할 수 있다. 하지만 이 경우에도 상계에 의한 계열회사의 현금 사용이 그 계열회사의 대표가 아니며, 그 계열회사를 위해 일하지도 않은 지주회사 대표의 인센티브 지급을 목적으로 하는 것은 그 계열회사 자체를 위한 사용이라고 볼 수 없다는 점에서 여전히 불법영득의사가 인정될 수밖에 없다.

(나) **횡령의 객관적 요건충족과 횡령고의의 탈락** 바로 여기서 그룹차원의 경영판단원칙이 기능할 수 있다. 즉, ① 인센티브를 받는 대표가 속한 지주회사가 그 계열회사와 '사실상 하나의 사업자'(상장회사의 경우 40% 지분율)[18]라는 전제조건과 ② 회장이 그 계열사에 대해 갖고 있는 현금지급채권을 계열사가 지주사 대표의 인센티브 지급으로 갖게 된 (부당이득)반환청구권과 상계한다는 전제조건이 충족된다면, 계열사의 급여지급은 비록 횡령죄의 '객관적' 구성요건을 충족하지만, 경영판단원칙에 의해 회장에게는 횡령죄의 '주관적 요건'인 불법영득의사가 없었다고 볼 수 있다.

**2) 지주사에 대해 그룹회장이 현금지급채권을 갖고 있는 경우**

하지만 이와 같은 경영판단적인 상계충당은 사례 ⓢ와 같이 그룹회장이 현금을 지급한 계열사에 대해서가 아니라 지주사에 대하여 현금채권을 갖고 있는 경우에는 원칙적으로 불가능해진다.

---

17 여기서 상계충당은 민법상 일방행위로서 상계(민법 제469조)의 요건인 상계적상이 없지만, 명시적·묵시적인 상계계약에 의한 상계를 가리킨다. 물론 상계금지특약이 있는 경우에 상계충당은 민법상 위법·무효가 되지만, 이런 상계충당도 형법에서는 다양한 의미가 있다. 이에 관해 자세히는 앞의 [3]장.Ⅱ.2. 상계충당과 불법영득의사를 참조.

18 이에 관해 자세히는 [3]장.I.2.(3)2) 지분율과 경영지배력을 참조.

**【사례 ⓢ】**

M 그룹의 지주회사인 M ㈜의 대주주이면서 M 그룹회장인 甲은 M ㈜의 대표이사 乙에게 그간의 성과를 보상하고, 향후 지속적 기여를 장려하기 위한 목적으로 2년에 걸쳐 10억원의 인센티브를 주기로 결정하였다. 다만 그 인센티브의 비용조달을 M ㈜가 40%의 지분을 갖고 있는 MU ㈜가 다시 100%의 지분을 갖고 있는 해외계열사 MY ㈜와 MZ ㈜에서 乙에게 각 5억원씩 지급하도록 하였다. 乙은 MY ㈜와 MZ ㈜의 임직원이 아니었으며, 지주회사의 투자관리업무 이외에 두 회사를 위해 특별히 한 일은 없었다. 그런데 甲은 乙에게 주는 인센티브로써 乙이 M 그룹 계열사인 M 건설의 빌라를 분양신청하게 함으로써 그 빌라의 분양도 촉진시키기로 결정하였다. 신속한 분양을 위해 乙은 분양신청대금의 일부인 5억원은 은행에서 대출을 받고, 나머지 5억원은 甲이 자신의 예금계좌에서 乙에게 지급해주었다. 乙은 MY ㈜와 MZ ㈜로부터 2년에 걸쳐 (세전) 10억원을 수령한 후, 5억원을 甲에게 반환하였다.

(가) 법적 의미의 경영판단적 상계충당의 불가능성과 횡령죄 성립 이 사안에서 회장은 계열사에 현금채권을 갖고 있지 않기 때문에 그 계열사에서 지급한 현금과 상계충당을 할 수가 없다. 따라서 계열사로 하여금 지주회사의 대표에게 급여를 지급하게 한 회장의 행위는 횡령죄에 해당할 수밖에 없다. 물론 지주회사가 그 대표에게 지급할 인센티브를 회장이 대신 지급한 경우에 그 회장은 지주회사(의 대표)와 일종의 상계충당 특약을 맺은 것으로 볼 수 있다. 그러나 지주회사 대표에게 인센티브를 지급한 것은 지주회사가 아니라 별개의 법인인 계열사이므로 '법적으로는' 상계충당을 할 수가 없다.

(나) 경제적인 상계충당과 경영판단원칙의 적용 다만 여기서 다음과 같은 사정이 존재하는 경우에는 경영판단원칙을 적용할 필요가 인정되는 새로운 지평이 열리게 된다.

**【사례 ⓢ의 추가조건】**

M ㈜는 계열사 MY ㈜와 MZ ㈜에 대해 브랜드로열티 수취를 하지 않고 있는데, 만일 수취를 한다면 다른 계열사와의 브랜드로열티 수취계약에서 적용된 총매출액 대비 로열티 사용료의 비율(예: 0.4%)을 고려할 때 그 금액은 10억원을 훨씬 초과하는 약 40억원 정도였다. 甲은 乙에게 지급할 지주사인 M ㈜의 재원을 자체 예산에서 확보하거나 브랜드로열티를 수취하지 않은 계열사인 MY ㈜와 MZ ㈜에서 마련할 수 있었지만, 해외계열사의 특수성과 성장에 필요한 재원의 확보가 필요하여 아직은 브랜드로열티를 수취하지 않는 대신에 그 4분의1 정도의 금액(10억원)을 지주사 대표의 급여비용으로 부담하는 것이 합리적이라는 경영판단을 하였다. 또한 이 결정을 통해 M 건설의 미분양 빌라도 모두 분양되는 계기가 마련되었다.

ㄱ) 지주회사와 계열사 사이의 경제적 의미의 상계충당 계열사와 사실상 하나의 사업자인 지주회사인 경우에는 그 지배력을 행사하여 브랜드로열티 수취계약을 체결할 수 있다. 그 경우에 계열사는 지주회사 대표의 급여지급보다 더 큰 재정적인 부담을 짊어질 수 있다. 물론 브랜드로열티 수취계약을 체결한 것이 아니므로 그 수취 가능한 로열티금액과 계열사가 지주회사 대표의 급여비용으로 처분한 금액은 법적으로 상계(충당)될 수 없다. 하지만 '경제적인 의미'에서는 상계(충당)되고 있다고 말할 수 있다.[19] 그룹차원의 경영판단으로 이루어지는 이런 경제적 의미의 상계충당은 —비록 계열사의 현금을 지주사 대표의 급여비용으로 처분하게 한 그룹회장의 경영행위가 횡령죄의 객관적 구성요건을 충족한다고 보아야 할지라도— 횡령죄의 주관적 요건인 불법영득의사를 탈락시킨다고 볼 수 있다.

19 물론 이를 '상계'의 개념으로 표현할 필연적인 이유는 없다. 다만 수취계약이 체결되었을 경우에는 상계가 가능하다는 점에서 경제적인 의미의 상계(충당)이라고 부르는 것이다.

이로써 경영판단원칙은 더욱 확대되어 적용되는 셈이다. 이처럼 경제적 의미의 상계(충당)를 근거로 경영판단원칙을 적용할 수 있다고 보는 것은 이 원칙이 법체계 내부의 원칙이 아니라 경영과 법이라는 두 사회체계 사이의 원칙, 즉 체계간 원칙(intersystemic principle)이기 때문에 가능하다.[20] 그러나 경영판단원칙을 경영체계와 소통하지 않는 닫힌 법체계 내부의 원칙으로 이해하는 경우에는 이런 결론이 도출되기 어렵다.

**ㄴ) 경제적 의미의 상계충당에 대한 경영판단원칙의 적용범위** 이러한 경영판단원칙의 확장적용도 두 가지 단계로 나누어 설계할 수 있다.

**(a) 강한 경영판단원칙과 그룹회장의 전횡에 대한 우려** 첫째, 그룹차원의 경영판단에 의해 이루어진 계열사와 지주사 사이의 경제적 의미의 상계충당은 계열사가 지급한 현금 전액에 대해 그것을 지시한 그룹회장의 불법영득의사를 탈락시킨다고 보는 것이다. 하지만 이런 정도의 확장된 경영판단원칙은 회장이 지주회사와 계열회사가 독립된 법인이고 이해관계가 서로 다른 주주를 갖고 있으며 이사회의 기능을 약화시킨다는 점, 좀 과장하여 표현한다면 그룹경영의 전횡을 초래할 수 있다는 (제왕적 회장상에 대한) 우려를 낳는다고 볼 수 있다.

**(b) 그룹회장의 전횡을 견제하는 경영판단원칙의 적용** 여기서 위 사례 ⓢ의 추가조건에서 제시한 것처럼 회장이 자신의 현금을 급여비용으로 먼저 지급함으로써 지주회사에 대해 현금지급채권을 갖게 된 범위(사례 ⓢ에서 5억원)에서만 경영판단원칙을 적용하여 그의 불법영득의사를 탈락시키는 방안을 생각해볼 수 있다. 이것은 단지 지주회사와 계열사 사이에서 뿐만 아니라 그룹회장과 계열사 사이에 다음과 같은 '경제적 의미'에서 상계충당의 관계가 성립한다는 점에

20 경영판단원칙을 체계간 원칙으로 파악하는 설명은 앞의 [2]장.Ⅱ.(3) 참조.

근거한다.

> ① 지주회사 대표에게 인센티브 급여를 대신 지급해 준 그룹회장에 대한 지주회사의 현금지급채무는 회장이 보관자로서 점유하고 있는 지주회사의 금원에 대한 반환채무와 법적 의미의 상계가 가능한 법적 관계를 맺고 있다. ② 계열사는 그 회사의 금원에 대한 사실상 보관자인 그룹회장에게 지주회사 대표의 점유를 거쳐 다시 회장의 점유로 돌아간 급여에 대한 반환채권이 있거나, (이를 인정하지 않는 경우에는) 계열사가 지주회사 대표에게 지급한 급여금에 대해 부당이득반환채권을 갖고 있고, 그 급여금를 다시 수령한 회장에 대해서는 지주회사 대표의 현금반환채권을 (민법 제404조의 요건을 충족하는 경우에는) 대위하여 행사함으로써 급여금을 반환받을 수 있는 법적 관계가 있다. ③ 그리고 계열사와 지주회사는 앞에서 설명한 바와 같이 경제적 의미에서 상계충당의 관계에 놓여 있다.

이와 같이 〈그룹회장 ↔ 지주회사 ↔ 계열사 ↔ 지주회사 대표 ↔ 그룹회장〉과 같은 네 당사자 사이의 (채권과 채무의) 순환구조 속에서 회장이 지주회사 대표에게 지주회사를 대신하여 지급한 급여의 범위 내에서는 '경제적 의미'에서 상계충당이 이루어지고 있다고 볼 수 있다.

이처럼 그룹회장이 자신도 금전적 부담[21]을 짊어지면서까지 그룹 차원에서 '경제적인' 의미의 상계충당을 하는 경우에 경영판단원칙을 적용한다고 하여, (특히 이를 통해 지주회사와 여러 계열사에게 모두 이익이 되는 윈-윈(win-win)의 결과가 발생한 경우에는 더욱 더) 그로 인해 그룹회장의 전횡적 경영이 촉진된다고 보기는 매우 어려울 것이다. 따

21 여기서 금전적 부담은 미리 지급한 현금의 이자금액과 같이 적은 경우와 회장이 지주회사에 대해 갖고 있는 채무(예: 신주인수대금채무 등)와 상계하는 경우처럼 매우 큰 경우가 있을 수 있다.

라서 예컨대 사례 ⓢ에서 회장은 지주회사에 대해 현금지급채권이 없는 영득액에 대해서만 불법영득의사가 인정되고 횡령죄가 성립한다. 그러나 회장이 지주회사에 대해 현금지급채권이 있는 영득액에 대해서는 경영판단원칙이 적용되어 회장에게 계열사가 지주회사 대표에게 지급한 현금에 대한 불법영득의사를 인정할 수 없게 된다.

ㄷ) 상계충당의 계약에 의한 경영판단원칙의 적용 　이상에서 설명한 경제적 의미의 상계충당은 만일 지주회사와 계열사, 지주회사 대표 그리고 그룹회장이라는 네 당사자 사이에 다음과 같은 같은 내용의 계약이 —명시적으로 또는 묵시적으로, 그리고 동시에 또는 순차로— 체결되어 있는 경우에는 그 의미가 달라진다.

> ① 지주회사는 계열사에 브랜드로열티를 수취하지 않고, ② 그 대가로 계열사는 지주회사 대표에게 급여를 지급하되, ③ 그룹회장이 지주회사 대표에게 미리 급여(의 일부)를 지급하고(물론 회장이 대표에게 빌려 주는 법적 형식(소비대차계약)을 띨 수도 있음), 그 지급금의 범위에서 계열사가 지주회사 대표에게 지급한 급여금(의 일부)을 수령하며, ④ 또한 그 수령금액의 범위 내에서 그룹회장은 지주회사에게 현금지급을 청구하거나 자신이 점유하는 지주회사의 금원에 대한 반환거부를 하지 않는다.

① 이런 네 당사자간의 계약이 있는 경우에 그룹회장은 자신이 미리 지주회사 대표이사에게 지급한 금액에 대한 채권을 계열사가 그룹회장에 대해 갖는 급여지급금의 반환채권과 '법적 의미'에서 상계충당을 할 수 있다(불법영득의사 탈락의 요건 1). 이러한 네 당사자간 계약에 의한 상계충당에 더하여, ② 그 계열사와 지주회사가 '사실상 동일한 사업자'이고(불법영득의사 탈락의 요건 2), ③ (횡령죄와 그룹차원의 경영판단에 대해서) 경영판단원칙을 적용하는 법리를 수용한다면(불법영

득의사 탈락의 요건 3), 그룹회장의 불법영득의사를 탈락시킨다고 보아야 한다. 이러한 불법영득의사의 탈락은 마치 그룹회장이 계열사에 대해 현금지급채권을 갖고 상계한 경우(위의 사례 ⓡ)와 같은 정도로 정당하다고 볼 수 있다.

물론 이사회의 결정 등을 하지 않은 점이나 회장의 자기거래 등으로 인해 경영판단원칙의 적용요건인 선의의무, 선관주의의무, 충실의무가 준수된 것인지에 대하여 의문이 제기될 수 있다. 그러나 앞에서[22] 상세히 논의하는 바와 같이 이러한 경우에도 선의의무, 선관주의의무, 충실의무의 위반은 없다고 볼 수 있다.

### (2) 법률의 착오에 의한 경영판단원칙의 고려

그러나 이상에서 살핀 바와 같은 확대 적용된 경영판단원칙은 아직 시기상조라고 보거나 법과 경영이라는 두 사회체계 사이의 조화와 균형을 넘어선 것이라고 본다면, 그룹회장의 계열사 현금 영득은 객관적으로 뿐만 아니라 주관적으로도 횡령죄의 구성요건에 해당하게 된다.

#### 1) 포섭과 허용포섭의 착오

다만 이 경우에도 그런 경영행위를 한 회장에게는 법률의 착오를 적용할 수 있어야 한다고 본다. 즉, 회장의 인센티브 지급결정이 그룹차원의 합리적 경영판단이었다면, 회장은 계열사의 현금에 의한 인센티브 지급이 횡령에 해당한다는 점에 대하여 착오를 하고 있다고 볼 수 있다. 이 착오는 범죄체계론적으로 두 가지 종류의 착오를 포함한다. 첫째는 그런 계열사의 현금 처분행위가 횡령에 해당하지 않는다고 생각하는 착오, 즉 포섭착오(Subsumtionsirrtum)이고, 둘째는

22 이에 관해 자세히는 [3]장 참조.

횡령에는 해당하지만 —특히 업계에서 널리 행해지는 경영행위라는 이유로— 사회상규(제20조)에 해당하는 행위라는 점에서 위법하지 않다고 생각하는 착오, 즉 허용포섭착오(Erlaubnissubsumtionsirrtum)일 수 있다.

2) 정당한 이유를 판단하는 요소

이 경우에 법률의 착오(제16조)로서 정당한 이유가 있는지가 문제된다. 이때 ① 계열회사의 현금을 사용하는 것이 허용되는 예외적 경우(예: 회장이 현금지급채권을 갖고 있는 경우, 또는 지주회사에 대한 현금지급채권을 갖고 있는 경우)인지 여부, ② 그 계열사가 지주회사와 사실상 하나의 사업자 관계를 맺고 있는지 여부, ③ 그 밖에 그 계열사의 매출규모 등을 고려할 때 지주회사가 브랜드사용로열티로 수취할 수 있는 금액이 사용한 금액을 상회하는 정도인지 여부, ④ 그런 경영행위를 통해 지주회사와 계열사 그리고 또 다른 계열사에게도 경영상 이익을 가져다주었는지, ⑤ 그리고 계열사를 통한 지주회사 대표의 급여지급이 횡령에 해당하는지에 대한 (사내변호사 또는 로펌의) 법률적 검토의 결과를 믿었는지 등을 종합 고려하여 그 정당한 이유의 유무와 정도를 판단하여야 한다. 이 판단의 결과 정당한 이유가 충분하다면 면책을 하고, 정당한 이유가 상당한 정도라면 법률상 (임의적) 감경사유로서 책임감경을 한다. 물론 회장의 이와 같은 법률의 착오는 보통시민의 법충실태도와 심각한 간극을 명백하게 보여주는 경우가 아니며, 따라서 형감경은 원칙적으로 부인될 수 없다.

CHAPTER

# 5

# 경영판단원칙과 입증책임의 분배

# 경영판단원칙과 입증책임의 분배

## Ⅰ. 형사소송에서 입증책임의 분배

### 1. 자유로운 증명에서 엄격한 증명으로 선회

배임고의나 횡령고의는 이론적으로는 검찰 또는 법원이 직권으로 엄격한 증명(Strengbewies)의 방법으로 입증하여야 한다.

#### (1) 고의에 대한 자유로운 증명의 유혹

하지만 우리나라 법원은 과거 오랫동안 고의를 자유로운 증명(Freibewies)으로 인정해왔다.[1] 고의를 추론케 하는 간접사실이 그 수와 종류가 무수히 많기 마련이고, 따라서 고의에 대한 심증이 충분히 합리적인 것이 되려면 증거수집의 범위가 엄청나게 많을 수 있다. 그러나 시·공간적으로 제한되어 있고, 가용자원도 한정되어 있는 재판의 현실에서 그 많은 간접사실에 대한 증거를 수집하는 것은 불가능하고, 따라서 다른 요증사실보다도 고의를 증명하는 간접증거들은 매우 주관적으로 선별되기 쉽다. 이처럼 판례가 과거 고의를 자유로운 증명의 대상으로 본 이유는 고의를 추론하게 하는 간접사실의 선별의 공정성 문제를 피하고, 증거수집의 과도한 부담에서 벗어나기 위한 편법이었다고 볼 수 있다. 왜냐하면 자유로운 증명의 방법은 증거수집의 부담을 현저하게 줄여주고, 그 증거에 의한 심증

---

1 대법원 1969.3.25. 선고 69도99 판결.

형성의 합리성도 다투기 어려운 방법이기 때문이다.

### (2) 엄격증명의 이론과 자유증명의 현실

그러나 고의야말로 형사불법의 핵심이라는 점에서 당연히 엄격한 증명의 방법으로 증명되어야 하고, 그 입증책임은 국가에게 있다. 민주적 법치국가가 터잡아 갈수록 법원은 이런 법치국가의 이론적 요청을 외면할 수가 없다. 대법원도 공모공동정범의 공모를 엄격한 증명의 대상으로 바라본 것[2]을 시작으로 현재는 고의를 엄격한 증명의 대상이라는 입장을 보이고 있다. 예컨대 알선수재죄의 고의도 엄격한 증명의 방법으로 입증하여야 한다고 본다.[3] 하지만 이러한 판례의 태도변화가 일반적인 재판현실로 이어지고 있는지는 의문이다. 왜냐하면 현재 법관 1인이 처리하는 월 평균 사건 수가 50여 건[4]이나 되는 상황에서 모든 형사사건에서 피고인의 고의를 실제로 엄격한 증명의 방법으로 충분히 증거조사를 하여 판단할 수 있다고 기대하기는 어렵기 때문이다. 그렇기에 법원은 고의의 증명은 엄격한 증명이어야 한다고 선언하지만 실제로는 자유로운 증명일 경우가 많

---

2 대법원 1988.9.13. 선고 88도1114 판결 ("공모나 모의는 공모공동정범에 있어서의 "범죄될 사실"이라 할 것이므로 이를 인정하기 위하여는 엄격한 증명에 의하지 않으면 아니되고 그 증거는 판결에 표시되어야 하며, 공모의 판시는 그 구체적 내용을 상세하게 판시할 필요는 없다 하겠으나 위에서 본 취지대로 성립된 것이 밝혀져야만 한다.")

3 대법원 2002.3.12. 선고 2001도2064 판결; 대법원 2005.1.28. 선고 2004도7359 판결: "이러한 주관적 요소로 되는 사실은 사물의 성질상 범의와 상당한 관련성이 있는 간접사실을 증명하는 방법에 의하여 이를 입증할 수밖에 없고, 무엇이 상당한 관련성이 있는 간접 사실에 해당할 것인가는 정상적인 경험칙에 바탕을 두고 치밀한 관찰력이나 분석력에 의하여 사실의 연결상태를 합리적으로 판단하는 방법에 의하여야 한다."

4 법원에 따르면 2013년 기준 판사의 연평균 1인당 사건수는 579.0건에 달한다. 관련기사로는 www.lawtimes.co.kr/LawNews/News/NewsContents.aspx?serial=87276&kind=AD 참조.

을 것이다.

## 2. 배임고의와 엄격한 증명

### (1) 배임고의의 엄격한 증명을 가져오는 경영판단원칙

하지만 이러한 의심은 업무상 배임고의에 관해서는 상당한 정도로 해소되고 있다. 왜냐하면 대법원이 업무상 배임죄의 적용에서 경영판단원칙을 수용하고 있는 한, 배임고의를 자유로운 증명으로 할 가능성이 매우 낮기 때문이다. 물론 경영판단원칙의 수용이 배임고의를 엄격한 증명의 대상으로 삼는 재판현실을 가져오는 유일한 원인은 아니겠지만, 가장 강력한 요인들 가운데 하나임은 분명하다. 다음의 판결이유에서도 이러한 점을 잘 엿볼 수 있다.

**【 판례: 배임고의의 증명과 경영판단 】**

"업무상배임죄의 주관적 요소로 되는 사실은 피고인이 본인의 이익을 위하여 문제가 된 행위를 하였다고 주장하면서 범의를 부인하고 있는 경우에는 사물의 성질상 고의와 상당한 관련성이 있는 간접사실을 증명하는 방법에 의하여 입증할 수밖에 없고, 무엇이 상당한 관련성이 있는 간접사실에 해당할 것인가는 정상적인 경험칙에 바탕을 두고 치밀한 관찰력이나 분석력에 의하여 사실의 연결상태를 합리적으로 판단하는 방법에 의하여야 할 것이고, 기업의 경영에는 원천적으로 위험이 내재하여 있어서 경영자가 아무런 개인적인 이익을 취할 의도 없이 선의에 기하여 가능한 범위 내에서 수집된 정보를 바탕으로 기업의 이익에 합치된다는 믿음을 가지고 신중하게 결정을 내렸다 하더라도 그 예측이 빗나가 기업에 손해가 발생하는 경우가 있을 수 있으므로 경영상의 판단과 관련하여 기업의 경영자에게 배임의 고의가 있었는지 여부를 판단함에 있어서는 기업 경영에 있어 경영상 판단의 특성이 고려되어야 한다."[5]

5 대법원 2004.10.28. 선고 2002도3131 판결.

이 판례에서 “간접사실에 의해 증명”한다는 것은 자유로운 증명의 방법이 아니라 엄격한 증명의 방법에 의해 배임고의를 증명함을 뜻한다. 또한 “배임의 고의가 있었는지 여부를 판단함에 있어서는 기업 경영에 있어 경영상 판단의 특성이 고려되어야 한다”는 것은 경영판단원칙을 적용하지 않고는 배임의 고의를 적절하게 판단할 수 없음을 뜻한다. 그런데 엄격한 증명의 방법도 고의를 적절하게 판단하기 위한 것이므로, 경영판단원칙을 적용한다는 것은 부수적으로 배임고의를 엄격한 증명으로 판단해야 한다는 결론을 병행하게 된다.

### (2) 불법이득(영득)목적의 요청에 상응하는 소송법적 요청

다시 말해 배임고의의 엄격한 증명은 경영판단원칙의 수용이 소송법의 차원에서 가져오는 (논리필연적 결론은 아니지만) 실천적 결론이 된다. 첫째, 이 소송법적 차원의 실천적 결론은 경영판단원칙의 수용에 의해 배임고의의 성립에 필요한 불법이득의사는 불법이득목적(의도적 불법이득의사)에 국한되어야 한다는 실체법적 결론[6]에 상응하는 것이라 할 수 있다.

둘째, 이 글에서 새롭게 제안하고 있는 바와 같이[7] 횡령죄에 대해서도 경영판단원칙이 적용되는 경우에는 그 횡령고의(불법영득의사)도 당연히 엄격한 증명에 의해 판단되어야 한다. 이러한 요청도 경영영역에서 횡령죄의 불법영득의사는 불법영득목적(의도적 불법영득의사)이어야 한다는 실체법적 요청에 상응하는 것이라고 볼 수 있다. 아래에서는 바로 횡령고의의 입증문제를 경영판단원칙과 관련하여 자세히 다루어 보기로 한다. 이 분석은 배임고의와 같이 경영판단원칙과

---

6 대법원 2000.12.8. 선고 99도3338 판결; 대법원 2004.6.24. 선고 2004도520 판결 참조.
7 이에 관해 자세히는 앞의 [4]장.II. 참조.

고의입증의 관련성을 추론할 수 있는 판례(예: 대판 2002도3131)가 형성되지 않은 영역에서 이루어질 것이다. 이로써 새로운 판례의 형성을 기대할 수 있다.

## Ⅱ. 경영판단원칙과 횡령고의의 입증책임

### 1. 횡령고의에 대한 입증책임

횡령고의(불법영득의사)의 입증책임은 원칙적으로 검사에게 분배된다.

#### (1) 판례의 태도

판례도 "불법영득의사를 실현하는 행위로서의 횡령행위가 있다는 점은 검사가 입증하여야 하는 것으로서, 그 입증은 법관으로 하여금 합리적인 의심을 할 여지가 없을 정도의 확신을 생기게 하는 증명력을 가진 엄격한 증거에 의하여야 하는 것이고 이와 같은 증거가 없다면 설령 피고인에게 유죄의 의심이 간다 하더라도 피고인의 이익으로 판단할 수밖에 없다"(대판 94도998)고 본다.

**【사례 ⓣ】**

甲은 1981년경 H 학교법인을 설립한 후 등기부상 이사로 취임하고 그 산하의 H 대학을 실질적으로 경영하였다. 甲은 H 학교법인 이사회를 열어 H 대학이 1992.3.1.부터 1993.4.19.까지 사이에 입학금, 수업료 등으로 수납하여 학교회계에 속한 80억원을 더 높은 이자소득을 올리고, 학교 증축비에 사용할 자금을 마련하기 위한 은행융자를 얻기 편하도록 甲에게 송금하여 甲이 관리·운용하도록 결정하였다. 이에 따라 甲은 H 대학 서무과 직원 乙로 하여금 1992.3.19.부터 1993.4.19.까지 사이에 학교회계에 속하는 돈 중 50억원을 甲이 지정하는 은행계좌에 송금하게 하였다. 甲이 지정한 은행계좌 중 상당 부분은 가명계좌였고, 송금받은 돈에 대해 수 회에 걸쳐 수표 또는 현금으로 입출금하는 과정을 거침으로써 돈의 궁극적인 사용처에 대한 추적이 불가능하게 되었다. 甲은 1992.4.24.부터 1993.4.19.까지 사이에 학교운영비 또는 이사장 후원금 등의 명목으로 합계 26억원을 H 대학에 반환하였고, 나머지 25억은 사용처나 그 사용수익에 대한 기재를 하지 아니하였다. 또한 학교에 반환한 26억 중 4억4천만원은 수표 추적을 통하여 명백히 확인되었고, 증축공사도 시행하였고, 1992년 이후 지출된 공사비만도 40억원이 되었고, 이 공사비에 대한 계약서, 영수증 등의 자료는 구비되어 있다. 반면에 甲이 51억원 중 일부라도 사적으로 사용하고 다른 자금으로 보전했다는 사실을 입증할 증거도 없었다. ① 판례는 "불법영득의사를 실현하는 행위로서의 횡령행위가 있다는 점도 어디까지나 검사가 입증하여야 하는 것으로서, 그 입증은 법관으로 하여금 합리적인 의심을 할 여지가 없을 정도의 확신을 생기게 하는 증명력을 가진 엄격한 증거에 의하여야 하고, 이와 같은 증거가 없다면 설령 甲에게 유죄의 의심[8]이 간다 하더라도 甲의 이익으로 판단할 수밖에 없다 할 것인바, 甲이 자신이 위탁받아 보관하고 있던 돈이 모두 없어졌는데도 그 행방이나 사용처를 제대로 설명하지 못한다면 일응 甲이 이를 임의소비하여 횡령한 것이라고 추단할 수 있겠지만, 그렇지 아니하고 불법영득의사의 존재를 인정하기 어려운 사유를 들어 그 돈의 행방이나 사용처에 대한 설명을 하고 있고 이에 부합하는 자료도 있다면 달리 甲이 그 위탁받은 돈을 일단 타용도로 소비한 다음 그만한 돈을 별도로 입금 또는 반환한 것이라는 등의 사정이 인정되지 아니하는 한 함부로 그 위탁받은 돈을 불법영득의사로 인출하여 횡령하였다고 인정할 수는 없다고 보아야 할 것이다…(중략)…甲은 사립학교법 및 동법시행령상 교비회계에 속하는 수입금의 회계전용행위로써 사립학교법위반으로 처벌될 수 있는 있지만, 그 전용 자체만으로

8 여기서 합리적 의심이란 甲의 불법영득의사에 대한 의심은 갑이 수표나 현금으로 입출금 과정을 되풀이 하여 사용처의 추적을 어렵게 한 점, 사용처나 자금운용의 수익금에 대한 정확한 기재가 없었던 점 등은 甲이 그 돈을 개인적 용도에 사용한 것이라는 의심을 갖게 한다.

곧바로 불법영득의사를 실현하는 횡령행위가 된다고 할 수는 없다."[9]

### (2) 판례의 의미

이 판례는 ① 첫째, 불법영득의사가 있었다는 합리적 의심이 들어도, 입증이 되지 않았다면 유죄가 되지 않는다는 점에서는 무죄추정원칙을 준수하고 있다. ② 둘째, 이 판례는 불법영득의사에 대한 입증책임을 검사에게 부담시킨 것이며, ③ 셋째, 피고인에게는 입증부담(Beweislast)만을 부담시킨 것이다. 즉, 피고인은 보관자금의 합법적인 사용처에 대한 주장을 하고, 그 일부를 입증하는 활동을 하면 입증불능에 따른 법적 불이익을 받지 않는다는 것이다. ④ 그리고 부언할 점은 이와 같은 판례의 태도는 마치 미국에서 적대적 M&A에 직면한 회사의 이사들이 행한 신주의 제3자 발행 등의 경영결정에 대해 적용하는 이른바 '강화된 경영판단원칙'(Enhanced Business Judgement Rule)에서 이사들에게 부과하는 신인의무 준수에 대한 입증책임과 같은 정도의 입증책임을 이사에게 부담시키지 않는 것이다. 강화된 경영판단원칙은 경영판단으로 인정되기 위해서는 적대적 M&A

9 대법원 1994.9.9. 선고 94도998 판결. 그외 대법원 2008.8.21. 선고 2007도9318; 2009.2.26. 선고 2007도4784 판결("피고인들이 회사의 비자금을 사용한 사실은 인정하면서도 그 비자금을 회사를 위하여 인출, 사용하였다고 주장하면서 불법영득의사의 존재를 부인하는 경우, 피고인들이 주장하는 비자금의 사용이 회사의 운영과정에서 통상적으로 발생하는 비용에 대한 지출(부담)로서 회사가 그 비용을 부담하는 것이 상당하다고 볼 수 있는지 여부, 비자금 사용의 구체적인 시기, 대상, 범위, 금액 등에 대한 결정이 객관적, 합리적으로 적정하게 이루어졌는지 여부(다만, 일반적인 비자금의 조성과정이나 비자금의 성격 등에 비추어 볼 때, 비자금 사용에 관하여 회사 내부규정이 존재하지 않거나 이사회 결의 등을 거치지 않았다고 하더라도, 그러한 사정만으로 바로 피고인들의 불법영득의사의 존재가 인정된다고 할 것은 아니다) 등을 비롯하여 그 비자금을 사용하게 된 시기, 경위, 결과 등을 종합적으로 고려하여, 해당 비자금 사용의 주된 목적이 피고인들의 개인적인 용도에 사용하기 위한 것이라고 볼 수 있는지 여부 내지 불법영득의사의 존재를 인정할 수 있는지 여부에 대하여 판단하여야 할 것이다.")

시도가 회사에 대한 위협이라는 합리적(reasonable) 인식이 있어야 하고(합리성의 요건), 대응조치도 그 위협에 비례적인(proportional) 것이어야 한다는 요건(비례성의 요건)을 충족하여야 한다는 것을 말한다.[10] 이때 합리적 인식을 위한 합리적 조사의무 등의 이행여부에 대한 입증책임은 이사들이 부담한다.[11]

## 2. 경영판단원칙과 무죄추정원칙의 활성화

그런데 여기서 주목해야 할 점은 이러한 무죄판결은 이자증대를 위한 보관방법의 변경행위에 대해 —그 행위가 사립학교법에 위반하는 불법에 대한 처벌은 별개로 하고— 사실상 경영판단원칙을 적용한 것과 같은 결론을 보여준다는 점이다. 그러나 그러한 결론은 만일 이 사례에서 검사에게 입증부담만 지우고, 피고인에게 입증책임을 분배하였다면 사실상 불가능한 것이었다. 여기서 경영판단원칙의 적용은 입증책임을 피고인에게 유리하게 분배하라는 형사소송법상의 당연한 요청, 즉, 의심스러울 때에는 피고인에게 유리하게(in dubio pro reo)의 원칙에서 나오는 당연한 요청을 '더 한층' 강력하게 엄호해주는 기능을 함을 알 수 있다.

여기서 '더 한층' 강력하게 엄호해준다고 보는 이유는 불법영득의사라는 주관적 요건의 충족여부에 대한 판단인데도 법관이 자유심증주의의 보호우산 아래 들어가 (합리적 의심이 남아 있음에도 불구하고)

---

10 강화된 경영판단원칙은 미국 델라웨어 주의 대법원이 1980년 중반부터 발전시킨 원칙으로서 이에 관해 상세한 연구로 손창일, "미국 회사법상 적대적 M&A 상황에서의 강화된 경영판단의 원칙", *상사판례연구* (제25집 제3권, 2012), 381~420쪽; 손영화, "적대적 M&A와 이사회기능", *기업법연구* (제23권 제2호, 2009), 137~167쪽 참조.

11 이러한 입증책임의 전환에 관해서는 손창일, 위의 논문, 397쪽 아래 참조.

유죄의 심증이 형성되었다고 주장하지 않고, 자신의 심증에 대한 성찰을 거듭 진지하게 하고 있고 있는데, 이는 경영판단의 합리성을 고려한 결과라고 볼 수도 있기 때문이다. 사실 의심스러울 때에는 피고인에게 유리하게-원칙은 단지 증명불능상태를 누구의 불이익으로 돌릴 것인지에 관한 원칙, 즉 입증책임의 분배에 관한 원칙에 머무르지 않는다. 무죄추정원칙은 경영판단원칙에 힘입어 법관이 자신에게 합리적 의심이 남아있는데도 불법이득의사를 인정하고 유죄의 심증을 형성하는 것인지를 '더욱 더' 성찰할 의무를 부과하는 기능[12]을 수행하게 되는 것이다.[13]

## Ⅲ. 부외자금에 대한 불법영득의사

### 1. 부외자금 횡령의 입증책임

또한 사례 ⓣ에서 사립학교법에 위반한 교비의 보관은 그것만으로도 불법영득의사의 추정이 상당한 정도로 가능하다. 그럼에도 불구하고 판례는 피고인에게 입증책임을 덜어주고, 무죄추정원칙을 철

12 이러한 기능을 무죄추정원칙의 중심적인 기능이며, 법관의 직업윤리에 속하는 것으로 바라보는 이상돈, "형사소송에서 논증의무조절과 이성적 법정책. 공판조서와 판결서작성의 편의주의적 간소화에 대한 비판", *법과 사회* (상반기, 1993), 162~183쪽 참조.

13 무죄추정원칙과의 연결가능성이 경영판단원칙의 도입을 뒷받침하는 원인이 될 수 없다고 보는 김준호, "형법상 경영판단의 원칙 도입론에 관한 비판적 검토", *법조* (636호, 2009.9), 151쪽 아래 참조. 이 견해는 첫째, 무죄추정원칙이 단지 증명불능 상태의 불이익의 귀속원칙이 아니라 무죄에 대한 성찰이라는 법관의 직업윤리로서 기능하는 측면을 간과하고 있고, 둘째, 그런 성찰이 경영배임의 경우에 경영판단원칙의 승인에 의해 더욱 더 활성화된다는 점을 간과하고 있다.

저하게 관철하고 있다. 그렇다면 학교법인의 교비의 보관에 상응하는 일반 사기업의 비자금조성(과 보관)에서도 경영판단원칙은 입증책임을 검사에게 분배하고, 무죄추정원칙을 활성화하는 법관의 심증형성을 요구한다고 볼 수 있다.

**【사례 ⓤ】**

K ㈜의 대표이사이자 회장 甲은 2008.1.1.부터 2013.12.31.까지 그가 대표이사에 취임하기 전부터 해오던 수법의 분식회계를 통해 400억원의 부외자금을 조성하여 회사내 금고에 보관하였다. 이 금고에는 甲의 개인재산(특히 주식)도 함께 보관되어 있었다. 검찰은 이 부외자금의 존재를 밝혀내고, 甲이 부외자금의 대부분을 甲의 개인적 목적을 위해 사용하였다는 공소사실을 주된 공소사실로 하고, 처음부터 개인적 목적을 위해 사용할 의사로 그 부외자금을 조성·보관하였다는 공소사실을 예비적 공소사실로 하여 기소하였다. 공판에서 甲이 그 부외자금을 사적으로 사용한 점은 전혀 증명되지 않았다. 반면에 甲은 400억 가운데 150억원은 K ㈜의 임원들에게 인센티브 성격의 격려금으로 지급하였고, 회장이 K ㈜의 각 사업장을 방문할 때 지급하는 격려금이나 접대비 등의 현금성 회사경비로 100억원을 사용하였으며, 150억원은 K ㈜가 M ㈜를 비롯한 4차례에 걸친 인수·합병을 할 때 그 피인수회사의 대주주에게 인수·합병의 성사에 대한 대가로 지급하였음을 주장하였다. 그리고 일부 임원들은 인센티브 성격의 격려금을 받았다는 진술서를 제출하였고, 법정증언도 하였다. 또한 부외자금과 개인재산을 동일금고 안에서지만 공간적으로 구분하여 보관하고 그 사용을 구분하는 회계메모를 유지했다.

사례 ⓤ에서 부외자금의 조성과 회사를 위한 사용은 격려금의 체감효과를 높이고, 회사의 비약적 성장을 가져오는 인수·합병의 성사율을 높이기 위해 불가피하다는 판단에 의한 것이다. 이러한 경영결정도 비자금의 조성만으로는 횡령죄가 성립하지 않는다는 판례를 전제하는 경우에는 경영판단원칙이 적용될 수 있다.

## 2. 부외자금 사용의 횡령 입증

사례 ⓤ에서 비자금의 보관금고에 개인재산을 함께 보관하고 있었다는 점에 대한 입증은 부외자금과 개인자금이 뒤섞일 가능성과 부외자금이 사적으로 사용될 가능성을 추론하게 해준다.

### (1) 사적 사용처에 대한 검사의 입증책임

하지만 검사는 부외자금의 구체적인 사적 사용처를 입증하여야 할 입증책임이 있다고 보아야 하고, 사적 사용처를 입증하지 못하는 한 부외자금 사용의 횡령죄는 성립하지 않는다. 하지만 이러한 결론은 비자금의 조성 자체가 갖는 불법영득의사에 대한 사실상 추정 기능을 고려한다면 피고인이 일정한 입증부담을 지고, 그것을 이행한 경우에만 허용된다고 보아야 한다. 그런 입증부담에 관하여 대법원은 다음과 같은 태도를 취하고 있다.

**【 판례: 부외자금 사용에 대한 피고인의 입증부담 】**

"업무상횡령죄에 있어서 불법영득의 의사라 함은 자기 또는 제3자의 이익을 꾀할 목적으로 업무상의 임무에 위배하여 보관하는 타인의 재물을 자기의 소유인 경우와 같은 처분을 하는 의사를 말하고, 주식회사의 대표이사가 회사의 금원을 인출하여 사용하였는데 그 사용처에 관한 증빙자료를 제시하지 못하고 있고 그 인출사유와 금원의 사용처에 관하여 납득할 만한 합리적인 설명을 하지 못하고 있다면, 이러한 금원은 그가 불법영득의 의사로 회사의 금원을 인출하여 개인적 용도로 사용한 것으로 추단할 수 있다."[14](대판 2003도2807)

14 대법원 2003.8.22. 선고 2003도2807 판결.

### (2) 부외자금 사용 경영자의 입증부담

판례(대판 2003도2807)는 피고인에게 부외자금의 사용처에 관한 합리적 설명과 그 사용처에 관한 증빙자료의 제시를 요구한다. 이때 ① 합리적 설명은 부외자금의 전체는 아닐지라도 거의 '전반'에 관한 것이어야 하고, ② 증명자료의 제시는 부외자금의 사용 중 '일부'에 대한 것이어도 충분하다고 본다. 부외자금 전부에 관한 증빙자료의 제시를 요구한다면 입증책임을 사실상 피고인에게 전환한 것이 되기 때문이다.

#### 1) 민사소송에서 입증책임전환

그와 같은 입증책임의 전환은 형사소송이 아니라 이사에 대한 손해배상소송에서 그것도 적대적 M&A의 경우에 적용되는 '강화된 경영판단원칙'(Enhanced Business Judgement Rule)의 적용에 의해서만 타당할 수 있다. 물론 부외자금의 사용에 대해서도 그 탈법적, 불법적 성격을 고려하여 '강화된 경영판단원칙'을 적용하는 것이 도덕적으로 더 타당하고, 따라서 입증책임의 전환도 합리적인 법정책이라고 볼 여지가 있다.[15] 이런 입증책임의 전환이 반드시 법률상 근거조항이 필요한 것은 아니다.[16] 다만 그런 법정책이 경영판단원칙을 상당히 약화시키거나 사실상 포기에 이를 위험을 안고 있는지는 지속적인 관찰과 검토가 요구된다.

---

15 "장기적으로는 미국에서 경영판단의 원칙이 이사에게 입증책임이 부과되는 쪽으로 발전해나가는 것이 정의와 형평에 맞다고 본다"는 손창일, "미국 회사법상 적대적 M&A 상황에서의 강화된 경영판단의 원칙", *상사판례연구* (제25집 제3권, 2012), 406쪽.

16 이와 달리 원고입증책임의 예외를 인정하는 "입증책임의 탄력적 분배는 성문법주의 국가인 우리나라로서는 입법을 요하는 문제"라고 보는 견해도 있다. 대표적으로 한석훈, "경영진의 손해배상책임과 경영판단 원칙", *상사법연구* (제27권 제4호, 2009), 152쪽 참조.

### 2) 형사소송에서 무죄추정원칙

그러나 부외자금의 회사를 위한 사용이 횡령죄를 구성하지 않는다는 횡령죄 해석이 타당하다고 본다면, 그런 죄를 심판하는 형사소송에서도 법치국가적 원칙의 보루인 무죄추정원칙은 적용되어야 할 것이다. 따라서 부외자금 사용의 횡령죄가 증명되기 위해서는 검사의 증명은 이사가 하는 부외자금 사용의 합리적 설명과 증명을 압도하여, 부외자금의 사적 사용에 대해 합리적 의심을 남기지 않는 것이어야 한다. 물론 이러한 무죄추정원칙의 유지는 부외자금의 회사를 위한 사용에 대해 통상적인 경영판단원칙이 적용된다는 법정책을 전제로 한다. 다시 말해 형법상 경영판단원칙의 포기에까지 이르지 않는 한, 무죄추정원칙을 깨고 입증책임을 이사에게 전환시키는 법(해석)정책은 사실상 불가능하다. 설령 입증책임의 전환이 경영판단원칙을 사실상 폐기시키는 것이 아니라 그 원칙이 이사에게 주는 이익과의 균형을 잡아준다고 바라보더라도, 민사소송에서와 달리 형사소송에서는 의회의 입법이 요구된다고 보아야 한다. 그러나 그런 입증책임의 전환규정이 입법이 되더라도 그처럼 무죄추정원칙의 예외를 인정하는 것은 위헌적이다. 왜냐하면 법치국가적 법원칙의 중대한 침윤이며, 경영판단원칙의 사실상 포기는 경영합리성과의 소통을 외면하고, 관헌국가적 전통에 서 있는 형법의 합법적 권위주의(autoritärer Legalismus)[17]로 회귀하는 것이 되기 때문이다.

---

17 이는 하버마스가 사용한 개념인데, 이에 관해서는 Habermas, Ziviler Ungehorsam – ein Testfall für den demokratischen Rechtsstaat, in: Ziviler Ungehorsam im Rechtsstaat (1983), 43쪽 참조. 이를 법이론적으로 수용하고 응용하여 설명하는 이상돈, *인권운동론* (법문사, 2007), 19쪽 아래 참조.

## 3. 부외자금 조성의 횡령 입증

사례 ⓣ에서 예비적 공소사실인 부외자금 '조성'의 횡령죄가 성립하려면 조성 당시부터 사적 사용의 의사, 즉 의도적인 불법영득의사(불법영득목적 Aneignungsabsicht)가 명백하게 존재함이 증명되어야 한다.[18]

### (1) 증명의 범위와 정도에서 구조적 차이점

이는 부외자금의 '개인적 사용'이 입증되어 부외자금 사용의 횡령죄로 처벌하는 경우와 대비된다. 부외자금 사용의 횡령죄는 부외자금 조성만으로 횡령죄를 인정하는 경우에 비하여 객관적 요건사실로서 부외자금의 조성사실 이외에 구체적인 사적 사용처까지 입증되기 때문에 불법영득의사에 대한 입증은 그 중요성이 상대적으로 감소할 수 있다. 물론 경영판단이 문제될 수 있는 부외자금 사용의 횡령죄도 이론적으로는 불법영득목적이 있는 경우에 국한하여야 하

| 횡령 유형 / 증명 | 부외자금 조성 횡령 | 부외자금 사용 횡령 |
|---|---|---|
| 객관적 요건사실의 증명범위 | 조성사실 | 조성사실<br>**+ 구체적인 사적 사용처** |
| 주관적 요건사실의 증명정도 | 의도적 **불법이득의사(불법이득목적)의 명백한 존재**를 추론케 하는 정도의 간접사실 | 미필적 불법이득의사를 추론케 하는 정도의 간접사실 |

18 비자금을 조성하는 행위의 동기, 절차, 보관상태, 용도, 조성기간 및 반환에 관한 사정 등을 종합적으로 고찰하여 애초부터 당해 법인을 위한 것이 아니라 개인적으로 유용할 목적으로 조성된 것이 명백한 경우에만 한정적으로 횡령죄가 성립한다고 보는 대법원 1998.2.13. 선고 97도1962 판결; 2003.8.22. 선고 2003도2807 판결 등 참조.

지만, 불법영득목적만을 증명하는 증거로는 마치 미필적 불법이득의사를 추론하게 하는 데 필요하고 충분한 정도의 간접사실들이어도 무방할 것이다. 왜냐하면 부외자금의 사적 사용 자체가 불법영득목적을 추론케 하는 강력한 간접사실이 되기 때문이다.

### (2) 입증책임과 입증부담의 분배

사례 ⓣ에서 부외자금과 회장의 개인재산을 회사 내의 동일금고에 보관한 점은 아무리 공간적으로 구분하여 보관하고 그 둘을 구분 사용하는 회계메모를 유지하였더라도 사실상 물리적으로 섞여서 사적으로 사용될 가능성은 배제할 수 없다. 이런 사실은 미필적인 불법영득의사를 추정할 수 있는 간접사실로서 상당한 것으로 보인다. 그러나 첫째, 이런 정도의 간접사실만으로는 불법영득'목적'(Aneignungsabsicht)의 명백한 존재를 추론할 수는 없다. 또한 불법영득목적의 명백한 존재가 (검사나 법원의 직권증거조사로) 증명되지 않는 한 부외자금의 조성만으로는 횡령죄가 성립할 수 없다.

둘째, 이 경우 부외자금 사용의 횡령과는 달리 부외자금을 조성한 경영자는 부외자금의 사용처에 관한 합리적 설명과 증명자료의 제시와 같은 입증부담을 지지 않는다. 그런 입증부담은 부외자금 사용이 횡령죄의 공소사실로 특정되었을 때에만 발생한다. 부외자금 조성의 횡령죄에서 피고인의 이러한 입증부담의 경감 역시 경영판단원칙이 작용한 결과의 하나라고 볼 수 있다.

# 찾아보기

ㅈ

저자약력

이 상 돈

서울출생

서울고등학교 졸업

고려대학교 법과대학 졸업(법학사)

고려대학교 일반대학원 법학과 졸업(법학석사)

독일 프랑크푸르트 대학교 법학박사(Dr. jur.)

경 력

고려대학교 법학전문대학원 정교수(현재)

대법원 국선변호위원회 위원(현재)

한국법철학회 회장(역임)

고려대학교 법학연구원장(역임)

국가생명윤리심의위원회 위원(역임)

저 서

□ 경영법학

부실감사법, 법문사, 2004

윤리경영과 형법, 신영사, 2005

부실감사판례연구, 법문사, 2006

기업윤리와 법(이상돈 외 2인), 법문사, 2008

조세형법론, 법문사, 2009

공정거래형법, 법문사, 2010

증권형법, 법문사, 2011

경영과 형법, 법문사, 2011

경영판단원칙과 형법, 박영사, 2015

□ 기초법학

Wortlautgrenze, Intersubjektivität und Kontexteinbettung, Frankfurter krminalwissenschaftliche Studien, Bd.35, Frankturt/NewYork, 1992

법의 춤, 법문사, 2012

법이론. 법인식의 사회적 지평과 근대성, 박영사, 1996

법학입문, 박영사, 1997, (제3판) 법문사, 2005

법률해석의 한계(5인 공저), 법문사, 2000
법사회학(2인 공저), 박영사, 2000
대화이론과 법(이상돈 편역), 법문사, 2002
법철학. 법, 이성, 사회, 법문사, 2003
욕망은 행복을 낯설게 한다: 모더니즘의 행복론, 연극과 인간, 2003
헌법재판과 형법정책, 고려대출판부, 2005
새로 쓴 법이론, 세창출판사, 2005
로스쿨을 위한 법학입문, 법문사, 2009
법문학(2인 공저), 신영사, 2005
인권법, 세창출판사, 2005
문헌연구 포스트모더니즘과 법(4인 공저), 세창출판사, 2006. 12
공익소송론, 세창출판사, 2006
시민운동론, 세창출판사, 2007
기초법학, 법문사, 2010
법미학, 법문사, 2008
법정신분석학입문, 법문사, 2010
미술비평과 법, 법문사, 2013

□ 형법학
형법의 근대성과 대화이론, 홍문사 1994
형사소송법 사안풀이와 법치국가, 태진사 1995
형사소송법(2인 공저), 홍문사, 1996(현재 4인 공저, 2013)
신형사소송법(4인 공저), 홍문사, 2013
형사소송원론. 형사소송의 근대성과 대화이론, 법문사, 1998
형법정책(2인 편역), 세창출판사, 1998
형사소송법연습, 법문사, 1999
형법학, 법문사, 1999
사례연습 형사소송법, 법문사, (제2판)2001, (제3판)2004
정치와 형법(2인 공역), 세창출판사, 2005
형법강의, 법문사, 2010
예술형법, 박영사, 2014

□ 의료법학

의료형법. 의료행위의 법제화와 대화이론, 법문사, 1998

의료체계와 법. 의료보험, 의약분업, 의료분쟁해결의 법철학적 성찰, 고려대출판부, 2000

치료중단과 형사책임. 의료와 법의 합리적 소통과 책임귀속, 법문사, 2002

생명공학과 법, 아카넷, 2003.

수가계약제의 이론과 현실, 세창출판사, 2009

의료법강의(2인 공저), 제2판, 법문사, 2013

의약품공급계약과 사적 자치, 세창출판사, 2014

경영판단원칙과 형법
- 체계간 원칙(intersystemic principle)으로서 경영판단원칙의 기능과 형사법에서의 적용문제들 -

초판인쇄 2015년 1월 5일
초판발행 2015년 1월 15일

지은이 이상돈
펴낸이 안종만

편 집 김선민·배우리
기획/마케팅 조성호
표지디자인 홍실비아
제 작 우인도·고철민

펴낸곳 (주) 박영사
서울특별시 종로구 새문안로3길 36, 1601
등록 1959. 3. 11. 제300-1959-1호(倫)
전 화 02)733-6771
f a x 02)736-4818
e-mail pys@pybook.co.kr
homepage www.pybook.co.kr
ISBN 979-11-303-2680-1 93360

정 가 15,000원